交通
百科

智能交通改变生活

交通百科编委会　编著

中国大百科全书出版社

图书在版编目（CIP）数据

智能交通改变生活 / 交通百科编委会编著 . -- 北京 ：
中国大百科全书出版社，2025.1. --（交通百科）.
ISBN 978-7-5202-1823-8

Ⅰ . U495-49

中国国家版本馆 CIP 数据核字第 20256PM006 号

总 策 划：刘　杭　　郭继艳
策划编辑：马　蕴
责任编辑：马　蕴
责任校对：闵　娇
责任印制：王亚青
出版发行：中国大百科全书出版社有限公司
地　　址：北京市西城区阜成门北大街 17 号
邮政编码：100037
电　　话：010-88390811
网　　址：http://www.ecph.com.cn
印　　刷：唐山富达印务有限公司
开　　本：710mm×1000mm　1/16
印　　张：10
字　　数：100 千字
版　　次：2025 年 1 月第 1 版
印　　次：2025 年 1 月第 1 次印刷
书　　号：ISBN 978-7-5202-1823-8
定　　价：48.00 元

—— 总　序

这是一套面向大众、根植于《中国大百科全书》第三版（以下简称百科三版）的百科通俗读物。

百科全书是概要记述人类一切门类知识或某一门类知识的完备的工具书。它的主要作用是供人们随时查检需要的知识和事实资料，还具有扩大读者知识视野和帮助人们系统求知的教育作用，常被誉为"没有围墙的大学"。简而言之，它是回答问题的书，是扩展知识的书。

中国大百科全书出版社从 1978 年起，陆续编纂出版了《中国大百科全书》第一版、第二版和第三版。这是我国科学文化建设的一项重要基础性、标志性、创新性工程，是在百年未有之大变局和中华民族伟大复兴全局的大背景下，提升我国文化软实力、提高中华文化国际影响力的一项重要举措，具有重大的现实意义和深远的历史意义。

百科三版的编纂工作经国务院立项，得到国家各有关部门、全国科学文化研究机构、学术团体、高等院校的大力支持，专家、学者 5 万余人参与编纂，代表了各学科最高的专业水平。专家、作者和编辑人员殚精竭虑，按照习近平总书记的要求，努力将百科三版建设成有中国特色、有国际影响力的权威知识宝库。截至 2023 年底，百科三版通过网站（www.zgbk.com）发布了 50 余万个网络版条目，并陆续出版了一批纸质版学科卷百科全书，将中国的百科全书事业推向了一个新的高度。

重文修武，耕读传家，是我们中国人悠久的文化传承。作为出版人，我们以传播科学文化知识为己任，希望通过出版更多优秀的出版物来落实总书记的要求——推动文化繁荣、建设中华民族现代文明，努力建设中国式现代化强国。

为了更好地向大众普及科学文化知识，我们从《中国大百科全书》第三版中选取一些条目，通过"人居环境""科学通识""地球知识""工艺美术""动物百科""植物百科""渔猎文明""交通百科"等主题结集成册，精心策划了这套大众版图书。其中每一个主题包含不同数量的分册，不仅保持条目的科学性、知识性、准确性、严谨性，而且具备趣味性、可读性，语言风格和内容深度上更适合非专业读者，希望读者在领略丰富多彩的各领域知识之时，也能了解到书中展示的科学的知识体系。

衷心希望广大读者喜爱这套丛书，并敬请对书中不足之处给予批评指正！

《中国大百科全书》编辑部

交通运输是人类社会的基本需求，是国民经济中基础性、先导性、战略性产业，是重要的服务性行业。铁路、公路、港口、航道、站场、邮政、民航、管道等公共设施以及各种交通运输载运工具，为人的流动和商品流通提供基本条件，是社会有效运转的基础。交通运输衔接生产和消费两端，保证了人类在政治、经济、文化、社会、军事等方面的交往和联系，在优化国家产业布局、促进经济结构调整、服务社会、改善民生、维护国防安全等方面，起到了重要的支撑和引领作用。

自中华人民共和国成立，中国交通运输经历了从"瓶颈制约"到"初步缓解"、从"基本适应"到"总体适应"的发展历程，快速缩小与世界一流水平的差距，在多个领域实现超越。中国已经建成全球最大的高速铁路网、高速公路网、世界级港口群，航空和海运通达全球。中国高铁、中国路、中国桥、中国港、中国快递成为靓丽的中国名片。规模巨大、内畅外联的综合交通运输体系有力服务和支撑着中国作为世界第二大经济体和世界第一大货物贸易国的运转。交通运输缩短了时空距离，加速了物资流通和人员流动，深刻改变了中国城乡面貌，有力促进了城乡一体化进程，不仅有力保障了国内国际循环畅通，也为世界经济发展做出了重要贡献。

为便于广大读者全面地了解各类交通运输知识，编委会依托《中国大百科全书》第三版交通运输工程学科各分支领域内容，精心策划了"交通百科"丛书。根据主要交通运输方式，编为《航空运输概览》《铁路、桥隧、机车》《公路运输总汇》《水路运输》《邮政》《中外著名港口》《管道运输和综合运输》《智能交通改变生活》等分册，图文并茂地介绍了各类交通运输方式的发展历史、现状和趋势。

希望通过《中国大百科全书》第三版大众版"交通百科"丛书的出版，帮助读者朋友广泛地了解更安全、更便捷、更高效、更绿色、更智能的交通运输系统。传播科学知识，弘扬科学精神，助力交通强国建设，带来更美好的生活！

交通百科丛书编委会

目　录

第 1 章　智能交通框架 1

智能交通体系框架 1

铁路智能运输系统
体系框架 3

合作式智能交通 5

车辆基础设施一体化 7

智能交通标准体系 8

第 2 章　先进交通信息服务系统　13

交通专用短程通信 17

路侧基础设施 19

可变标志 20

电子站牌 21

路侧智能管控设施 23

智能交通路侧基站 24

交通信息采集 25

微波交通流检测器 25

红外交通检测器 25

线圈交通检测器 26

激光交通流检测器 27

车道控制器 27

磁传感器 28

磁道钉 28

磁性标线 29

埋入式路面状况
检测器 29

能见度检测器 31

动态称重系统 31

违章抓拍系统 33

路径诱导 34

车载导航 36

高精度定位 37

自主诱导系统 38

动态交通诱导 38

停车诱导 39

出行信息服务 40

手机出行服务 42

交通广播系统 44

车载信息终端 46

交通信息服务中心 47

车辆远程服务系统 48

交通数字地图 50

交通气象服务 52

交通信息安全 53

交通运输信息安全认证 55

交通密钥管理 57

互联车辆驾驶员
安全认证 58

第 3 章　先进交通管理系统　61

城市道路监控系统 64

公路监控系统 65

车道管理 66

匝道控制 69

先进车辆控制系统 71

　　合作式车辆安全系统 72

　　智能驾驶 73

　　安全辅助驾驶 74

　　自动驾驶 75

　　无人驾驶汽车 77

　　智能车辆 81

　　互联车辆 81

　　车联网 88

　　动态道路预警 89

先进公共交通系统 90

　　出租车营运监控
　　　信息系统 90

　　先进城市客运系统 91

　　公共交通信号优先 93

**铁路智能化营运
管理系统 94**

铁路智能化营运
　管理系统 96

车号自动识别系统 98

实时列车追踪系统 99

日本新干线运行
　管理系统 99

日本先进列车
　管理通信系统 100

欧洲铁路运营管理系统 101

应急管理系统 102

　　交通综合运行协调与
　　　应急指挥中心 107

　　紧急车辆优先通行
　　　信号控制 109

　　自适应信号控制 109

　　应急车辆管理 110

　　应急通信系统 111

　　高速公路紧急电话 113

　　道路交通故障
　　　紧急支援系统 115

第 4 章　智能物流与电子支付　117

智能物流 117

商用车辆电子通关 119

货物动态跟踪
查询系统 121

电子配货信息
网络系统 124

电子不停车收费 126

组合式电子收费系统 127

自由流电子收费 130

路侧停车自动收费 130

交通一卡通系统 131

公路客运联网售票 131

智能道路 132

数字铁路 134

第 5 章　共享交通服务　137

出行即服务 141

网络约车 143

公共自行车 144

共享单车 147

共享单车电子围栏 148

第 1 章

智能交通框架

智能交通体系框架

智能交通体系框架是制定智能交通标准的指导性框架。通过列出智能交通的用户服务功能、定义实现用户服务功能各个子系统、阐述各个子系统之间的通信方式、协调智能交通的系统功能，实现对智能交通这一复杂大系统的整体描述，从而决定智能交通的技术应用和有关信息要求的体系。

美国从 1993 年开始进行智能交通体系框架项目研究，并于 1996 年 5 月完成第一版，1997 年发布了第二版，更新的第七版智能交通体系框架也已发布。美国采用面向过程的研究方法，构建智能交通体系框架，对系统的功能进行分解描述，并采用数据流图和系统结构图表示逻辑模型和物理模型。欧洲智能交通体系框架研究项目开始于 1998 年 4 月，由荷兰运输部门领导，参与者包括由其他感兴趣的政府部门和公司组织的联盟。欧洲智能交通体系框架也采用了面向过程的方法建立，但在研究模式上与美国有所区别。美国采用自上而下的方式编制智能交通体系框架，欧洲则采用自下而上的方式编制智能交通体系框架。日本采用面向对象的方法，建立智能交通体系的逻辑框架和物理框架。其他一些国家和地区，如澳大利亚、韩国、新加坡、芬兰等也相继开展了智能交通体系框架的研究。

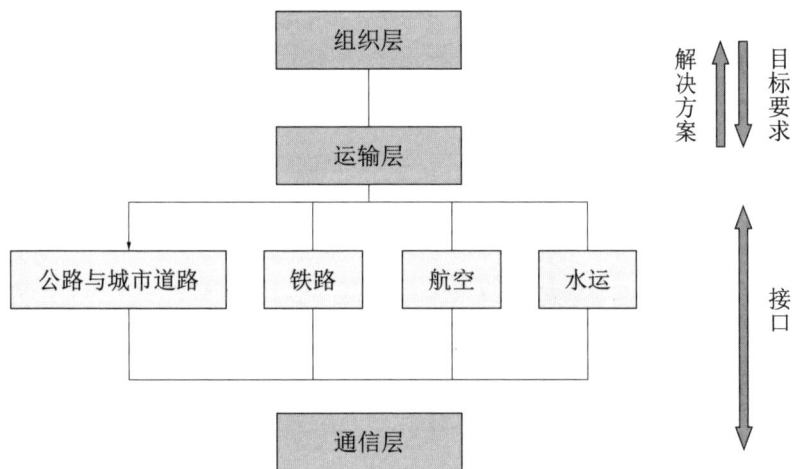

智能交通体系框架示意图

中国高度重视智能交通体系框架的相关工作，将智能交通体系框架作为中国智能交通发展的纲领性和宏观指导性技术文件。自 1999 年以来，中国组织国内智能交通领域的权威科研机构和专家开展中国智能交通体系框架的编制、修改完善、方法研究、工具开发和应用推广工作，2001 年正式推出中国智能交通体系框架（第一版）。科学技术部于 2002 年正式启动的国家"十五"科技攻关计划"智能交通系统关键技术开发和示范工程"重大专项中，设立了《智能交通系统体系框架及支持系统开发》项目。该项目由国家智能交通系统工程技术研究中心承担，旨在完善中国智能交通体系框架编制方法，开发智能交通体系框架辅助支持系统软件，并在该软件环境下，对中国智能交通体系框架（第

一版）进行全面修订和完善。下表列出了智能交通体系框架各组成部分
与服务的关系。

智能交通体系框架各组成部分与服务的关系表

组成部分名称	作用
用户主体	谁是被服务的对象，明确了服务中的一方
服务主体	谁将提供服务，明确服务中的另一方，它与用户主体和特定的用户服务组成了系统的基本运行方式
用户服务	明确系统能提供什么样的服务
系统功能	将服务转化为系统特定的目标
逻辑框架	服务的组织化
物理框架	服务怎样具体提供
智能交通标准和经济技术评价	其他经济技术因素

铁路智能运输系统体系框架

铁路智能运输系统体系框架是关于铁路智能运输的标准、逻辑、物
理框架及通用技术平台等指导性框架体系。

◆ 发展概况

2002 ～ 2003 年，中国学者基于铁路智能运输系统目标多样性、组成
结构复杂性和系统进化的要求，提出了铁路智能运输系统的两个本质特
征——开放式系统结构和分布式智能系统结构，并结合中国的国情对铁
路智能运输系统的服务框架、体系框架及关键技术进行了综合的定义，
从系统角度明确了铁路智能运输系统所应完成的功能、组成铁路智能运
输系统的各个子系统及其功能，以及各子系统之间的交互关系和集成方

式。2004 年，制定了中国铁路智能运输系统的标准体系、逻辑与物理框架，并构建了通用技术平台。

2012 年，中国学者进一步明确了铁路运输智能系统的定义，完整构建了铁路智能运输系统（RITS）的分层次体系框架，自底向上共分为 5 层。分别为信息感知层、传输层、融合层、实现层（内部业务层）和服务层（外部业务层）。2015 年，进一步结合中国轨道交通系统发展现状及"十三五"规划发展纲要，提出了新一代轨道智能运输系统 NG-RITS 的定义及其具备系统集成化、业务一体化、运营管理与服务智能化、安全保障泛在化的内涵，以及可测、可视、可控、可响应 4 个核心特征，设计了满足最新要求和集成最新技术，由感知层、传输层、融合层、业务层构成的 NG-RITS 总体架构。

◆ 组成

随着铁路行业的发展、新兴技术的应用以及新的发展需求和挑战，迫切需要升级版的新一代铁路智能运输系统体系框架，自下而上共分为 7 层，分别为物理层、状态感知层、信息融合层、智能分析层、业务优化层、协同服务层和系统目标层。①物理层。构成铁路系统的主要组成部分，包括沿线基础设施、列车、运行环境及综合车站等。②状态感知层。采用安装在物理层的传感器，用于感知设施设备的服役状态信息，包括沿线基础设施、列车、运行环境及客货服务对象等的信息，用于将物理层设施设备进行数字化处理。③信息融合层。包括网络融合和数据融合两部分。网络融合主要负责将状态感知层多源异构数据采用多模通信方式顺利的传输到数据中心；数据融合主要负责对收集到的数据进行管理、存储、计算及分析，为业务分析层提供准确、有效、完备的数据资源。④智能分析层。利用信息融合层提供的各类数据，结合专业知识对智能铁路系统中单元、子系统及系统的状态进行分析，并形成智能知识库，为业务优化提供技术和资源支撑。⑤业务优化层。基于智能分析层的分析结果，结合智能铁路的需求，对智能铁路系统中的设备设施、组织调度、安全保障和客货服务进行优化，为智能铁路系统的服务对象提供优质业务支撑。⑥协同服务层。智能铁路的服务对象是铁路管理者、客货对象以及铁路的合作方。通过将各优化业务进行包装重组，从而为服务对象提供个性化服务定制、及时的服务响应和精准的服务推送。⑦系统目标层。升级版的新一代铁路智能运输系统体系框架（智能铁路2.0）的目标是为铁路运输系统提供智能高效、安全可靠、优质及绿色环保的出行方式，从而提升智能铁路的吸引力和服务能力。

合作式智能交通

合作式智能交通是基于车与车（V2V）、车与基础设施（V2I）、基础设施与车（I2V）、基础设施与基础设施（I2I）之间通信实现信息交互的智能交通系统，又称互联车辆（connected vehicle）、车路合作系统、车路协作系统。

◆ 发展概况

自20世纪90年代起，合作式智能交通系统成为智能交通系统发展的重要方向，服务对象主要是具有互联能力的车辆。车辆的高速移动性使系统对通信的实时性要求很高，需要低延时、高可靠的通信技术。国际上先进的智能交通国家和区域开始制定相关的政策和发展计划，进行合作智能交通系统技术及应用的研究和试验，车车、车路之间的互联技术是其中的重点之一。

2012 年 10 月，欧洲联盟委员会与美国交通运输部联合发布了《合作式智能交通系统的国际部署》（*International Deployment of Cooperative Intelligent Transportation Systems*），对欧洲的"合作式智能交通系统"和美国的"互联车辆"的一致性做了阐述。同年，澳大利亚路政委员会（Austroads）发布《合作式智能交通战略计划》（*Cooperative ITS Strategic Plan*），通过无线通信技术实现车与车、车与路间互联的同时，还可以通过个人设备将慢行者（骑自行车出行或步行的人）连接起来。

◆ **要素及应用**

合作式智能交通系统构成的要素主要包括车辆、基础设施和个人设备，其中，基础设施是指道路基础设施和管理中心基础设施等。各要素以多种通信方式互联，形成一个互联的区域。

应用服务类型：①安全应用。合作式智

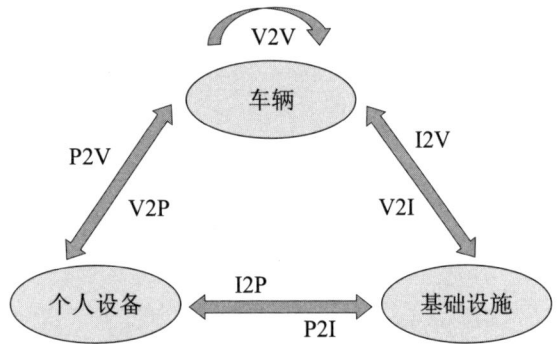

合作式智能交通系统构成要素示意图

能交通系统中，车辆间的实时信息通信交互能力，可使车辆 360° 地感知其所处的交通运行环境，并向驾驶员预警驾驶员没有意识到的危险和异常。②效率提升及环境保护应用。合作式智能交通系统有可能在任何特定时间从成千上万辆互联的车辆中获得有价值的交通流信息，这些信息可以帮助运输管理者实时监测到交通运行状态，并合理决策实时调整和控制交通运行状态，如向拥堵路段上的车辆提供实时交通信息服务，或通过调整匝道管理信号来更好地管理运输系统的性能，从而达到提高交通运行效率，降低车辆排放而实现保护环境的目的。

车辆基础设施一体化

车辆基础设施一体化是利用专用短程无线通信技术等，在保证车－车、车－路、车－管理中心的互联互通的基础上，为驾驶员提供动态、无间断服务的系统。又称车路云一体化。

◆ 基本内容

2003 年由美国交通部（Departments of Transportation; DOT）进行课题立项来推动车路云一体化技术的发展，后整合演进为项目，引起学术界的高度关注。2019 年以后，车路云一体化在全球迎来大的发展契机，中国、美国、欧洲以及日本频繁发布跟车路协同、车路云一体相关的政策内容。

车辆基础设施一体化通过专用短程无线通信技术（dedicated short-range communications; DSRC）提供车载设备（on-board equipment; OBE）和路侧设备（roadside equipment; RSE）的通信链接。提供支持车辆安全应用和用于提高交通运输效率的车与基础设施（Vehicle-to-Infrastructure; V2I）技术，可有效提高交通系统的安全性和效率。如车辆基础设施一体化可将限定道路范围内的所有车辆之间提供直接通信链接，这些车辆可以相互通信，交换关于速度、方向，甚至驾驶员意识和意图的数据。通过此，可以增加附近车辆的安全性。例如，通过通信了解其他车辆的速度、方向等信息可以更有效地执行自动紧急机动（如转向、减速、制动等）。此外，车辆基础设施一体化可以和道路基础设施通信，获得整个网络的完整、实时交通信息，方便交通管理者进行更好的队列管理和对车辆的反馈。应用范围主要有：基于车车通信的安全技术、基于车路通信的安全技术、实时数据捕获和管理、动态跨渠道路径规划、道路天气信息管理、实时环境信息综合技术等。

◆ **作用和影响**

车辆基础设施一体化促进了一系列直接将车辆与其道路环境相联系的技术研究和应用开发，可提高道路运输系统的安全和效率。

智能交通标准体系

智能交通标准体系是为实现智能交通体系框架而形成的标准化体系。智能交通系统各领域间存在着相互依存、相互衔接、相互补充、相互制约的内在联系，需要通过建立标准体系使其成为科学的有机整体。

智能交通标准体系在应用系统科学理论和方法的基础上，运用标准化的工作原理，着眼于寻找标准体系的内容，并对标准间的内在联系进行统一、简化、协调、优化等处理，体现标准体系内的最佳秩序，防止在标准之间存在不配套、不协调、互相矛盾及组成不合理等问题。

◆ **发展概况**

智能交通系统涉及的部门多、业务范围复杂,与许多行业部门存在交叉。分析研究标准体系整体和分体系的标准要素组成,可明确智能交通系统标准体系内各分体系的界面划分,协调标准间的相互联系和相互制约的关系,对标准体系的完整性和各层次、各分系统标准起到纲领和界限的作用。

2001 年,中国完成了第一版智能交通标准体系,其层次结构如图 1 所示。其后,每过 3 ~ 5 年,对此标准体系进行一次修订。

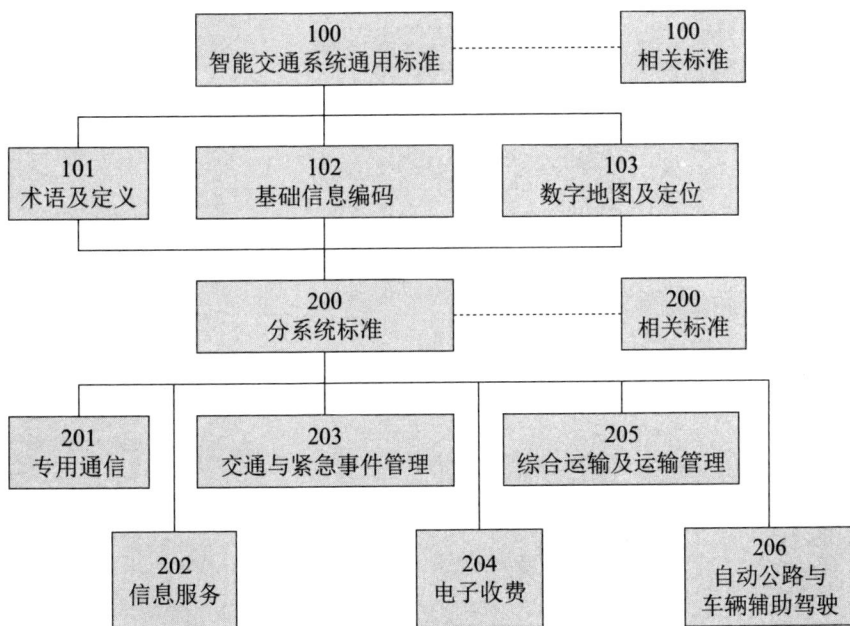

图 1 中国智能交通标准体系结构示意图(2001)

2016 年,按照基础标准、服务标准、技术标准、产品标准等顶层分类,对智能交通标准体系进行了更新调整,如图 2 所示。

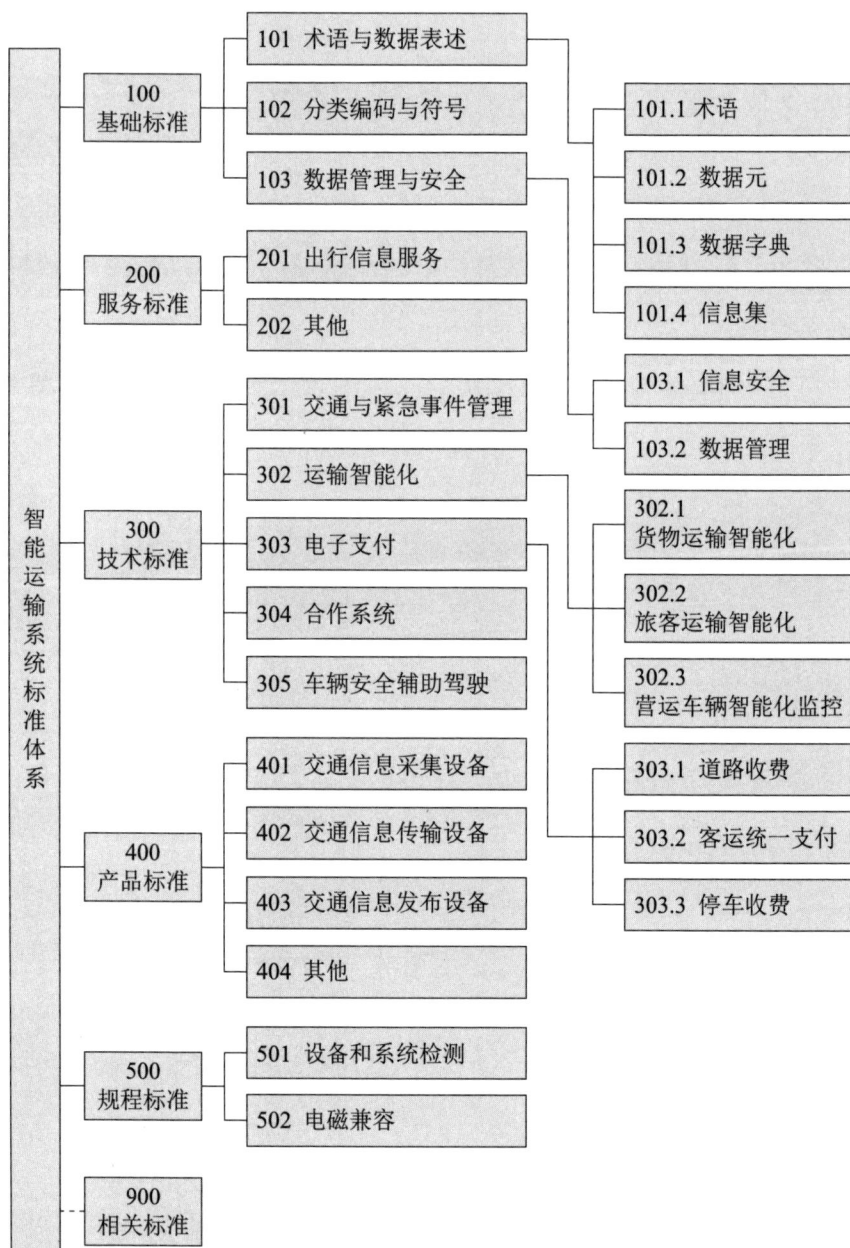

图 2 智能交通标准体系结构示意图 (2016)

◆ **标准类型**

智能交通标准体系标准分 3 级：国家标准、行业标准和团体标准。

本标准体系中，对在国家范围内需要统一的技术制定国家标准，主要有：①保证全国互操作性的接口。除了由同一个用户建设和管理运营的移动子系统和接口基础设施外，国家智能交通系统体系框架中与移动子系统的接口还需要全国的互操作性，因为同一个移动子系统（车辆子系统，个人信息接收子系统）要在全国漫游并使用地方的基础设施来支持智能交通系统的服务，如信息服务提供商到个人信息接入系统，电子收费系统到车辆子系统等。②通用技术语言要求。③保障人体健康和人生、财产安全的技术要求。④通用的试验、检验方法。⑤通用的各类技术要求。⑥工程建设的重要技术要求。对没有国家标准而又需要在全国交通运输行业范围内统一的技术，可制定行业标准或团体标准。

第 2 章

先进交通信息服务系统

先进交通信息服务系统是在实时交通信息采集的基础上，通过有线通信或无线通信等手段，以语音、图形、文字或数字等形式，向出行者或其他交通信息服务设备提供出行的道路交通状况、出行所需时间、出行线路、最佳换乘方式、所需费用及目的地的各种相关信息，指导出行者选择合适的交通方式和路径，保证出行的高效、便捷、方便和经济合理的智能服务系统。英文缩写为 ATIS。

◆ 发展概况

随着现代计算机及移动通信技术的发展和应用，实时采集的各种动态交通信息越来越多，为先进的交通信息服务系统的建设和应用打下了基础。美国建立了能提供实时线路引导和其他信息服务的 TRAVTEK 系统，该系统由交通管理中心、信息与服务中心及装有导航装置的车辆组成。除了向出行者提供必要的实时交通信息以外，导航装置根据实时交通状况，利用预先装载的地图和卫星定位系统，可向出行者提供出行线路推荐。

日本建立了 VICS（道路交通信息通信系统），它由 VICS 中心、路侧信息单元及车载设备组成。日本警察机构及道路管理者将采集到的道路交通信息传送到道路交通信息中心，再传送到 VICS 中心，由 VICS 中心统一处理加工后，提供给用户。VICS 信息服务的方式主要有电波信标、光信标和 FM 多路广播等。VICS 系统向出行者提供交通堵塞信息、行程时间信息、交通管制信息及停车场信息等。

随着无线蜂窝网的发展，各国开始建立基于移动蜂窝网数字通信技术及电子地图的先进交通信息服务系统。

◆ **主要内容**

先进交通信息服务系统主要包括出行前信息服务和出行中信息服务。出行前，出行者可在任意出行生成地通过访问出行信息服务系统，获取出行路径、方式、时间、交通、天气、当前道路交通系统及公共交通系统等相关的信息，为规划出行提供决策支持。出行中，驾驶员主要通过视频或音频的方式获取车辆运行状态、道路情况、气象信息、加油站等服务设施信息，在公交站点为乘客提供换乘、旅行时间、拥挤度等信息。

按信息内容分为：①路径诱导系统。②交通流诱导系统。③停车场信息诱导系统。④个性化信息服务系统。

◆ **载体种类**

构成先进交通信息服务系统的载体种类包括车载接收设备，普通交通广播，路侧通信广播，互联网站，报纸和电视，短信平台、信息台及手机 APP，静态指示牌，电子显示屏等。

车载接收设备：①能很方便地接收各类信息，包括天气信息（如气温、风速风向、阴晴雨雪雾等状况）；路况信息（如平均车速、车辆拥堵程度、路面湿滑程度）；路线选择信息（如匝道口及路段等封闭状况、前方交通事故信息、车辆定位及最佳行车路线指引信息、收费站位置及价格信息）；相关配套设施信息（如加油站、公厕等位置，停车场位置及车位盈余状况，旅馆、饭馆等位置及价格信息）。也是提供个性化服务的理想途径。②受外界环境干扰少，主要是提供出行中的信息服务。

先进交通信息服务系统

普通交通广播：①覆盖面广，信息量大，差错率小，而且对用户来说投资小。可以有效地发布各类信息，但没有可视化效果。②广播的信息传输是单向的，使得用户不能及时反馈信息。③交通广播是国内外最常见的交通信息发布方式，在交通诱导和交通管理方面起着很重要的作用。不论在出行前、出行中，还是现在或以后，公众都把交通广播作为其获取信息服务的首选途径。高等级公路公众信息服务系统会把普通交通广播作为最重要的信息发布途径，但同时也要注意扬长避短。

路侧通信广播：①路侧通信广播系统是利用路边或中央分隔带上的感应天线进行广播。对于不同的路段、不同的车流方向播送不同的内容，播送的信息量大，内容随时间地点而变，有针对性、实时性。②在特殊信息（如交通事故、路段的封闭、恶劣天气等）的有效、及时发布方面有明显的优势。

互联网站：①互联网信息发布具有很强的针对性和交互性，可以方便快捷地定制所需的信息。②多数时候用户是在出行前访问互联网站，关注的重点是出行前的相关服务信息，尤其是相关路线选择信息和相关配套设施信息等电子地图类信息。

报纸和电视：①覆盖面广，信息量直观，用户投资小，信息传输是单向的，不能双向交流。②报纸和电视比较适合发布出行前的信息，有利于出行者的出行规划。

短信平台、信息台及手机APP：①固定电话和移动电话已经普及，可以发送简短文字信息并实现图文传输。互联网手机具备强大上网功能，拓宽了手机信息发布的应用范围。②发布一些突发性信息，向出行者发出安全警告，出行者可以做出最佳路线选择。③用户可以通过手机定制一些个性化的信息服务。④ 在行使过程中使用会过多分散驾驶员的注意力。

静态指示牌：是传统的、应用最广泛的路上信息发布手段，主要是交通标志。

电子显示屏：①表现力强、播放时间自由，实现技术比较成熟，具有群体引导性。②投资较大，针对性差，用户不能自主访问信息，信息不能存储等。

交通专用短程通信

交通专用短程通信是用于智能交通系统（ITS）领域车车、车路间的无线通信协议。英文缩写为 DSRC。

◆ **概念形成**

交通专用短程通信的概念源于智能交通系统的研究和应用发展。为了对车辆进行智能化的实时动态管理，国际上开发了一套适用于 ITS 领域的专用短距离无线通信协议，也就是 DSRC 协议。2000 年 5 月，世界无线电通信大会通过了关于 5.8 吉赫（GHz）频段专用短程通信的建议（ITU-R M.1453）。该建议的主要内容是：考虑到交通信息与控制系统对改进公共安全的必要性，须依靠共同工作频段的划分在世界范围内实现交通信息与控制系统的兼容。由于当时欧洲电信标准化协会（ETSI）已采用 5.8 吉赫工科医频段的专用短程通信标准，亚太电信组织（APT）也已核准了 5.8 吉赫 DSRC 设备标准，所以此协议建议将 5.8 吉赫频段作为 DSRC 频段，工作方式分主动式和被动式两种。

◆ **应用内容**

交通专用短程通信的基本技术特点为能为车车、车路间以及智能交通系统提供高速的无线通信服务；可以实现较小区域范围内数据、语音以及图像的传输和交互；数据传输速度较快，通信链路延时和干扰较低，传输可靠性较高。

国际上交通专用短程通信技术曾出现 3 个主要的工作频段：800 ～ 900 兆赫（MHz）、2.4 吉赫和 5.8 吉赫频段。根据中国无线电管理部门的规定以及国际电信联盟（ITU）的频段划分，中国采用的频段为 5.725～5.850 GHz，用于不停车收费（ETC）的技术要求是：下行链路（D-link）500 千比特/秒（Kbps），二进制调幅（2-AM）；上行链路（U-link）500 千比特/秒（Kbps），二进制调幅（2-AM）的技术标准。

交通专用短程通信应用系统主要包括 3 个部分：车载单元（OBU）、路侧单元（RSU），以及支持这两类单元进行交互和协作的 DSRC 协议。

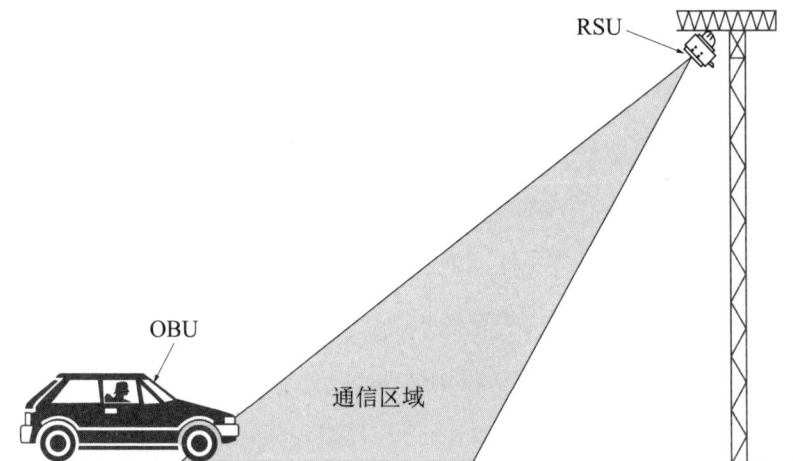

RSU

OBU

通信区域

交通专用短程通信

当机动车辆（装有 OBU 车辆）行经 RSU 天线覆盖的通信区域时，OBU 与 RSU 之间通过 DSRC 协议建立通信连接，并进行实时数据交换。电子不停车收费（ETC）是 DSRC 的一个典型的应用，在中国、日本等国形成了大规模应用。除了应用于 ETC 系统外，DSRC 还可以应用在停车场管理、紧急报警、先进的公共运输系统（APTS）、商用车辆营运系统（CVOS）、先进的交通信息系统（ATIS），以及先进的交通管理系统（ATMS）中的运输车队管理等。

路侧基础设施

路侧基础设施是安装或设置在道路两侧的、具有数据获取与存储、数据处理与计算、现场设备控制与管理、路侧数据交互和通信等功能的装置或装备，主要实现监控、交通控制、信息提供和现场支付等功能。

路侧基础设施主要包括交通检测器、摄像机、信号控制器、动态消息情报板（DMS）、收费设施、停车设施等。此外，还包括路侧单元与车辆之间的通信和信息交互的路侧无线通信设备。

安徽铜陵朱永路电子监控设备

新版的美国智能交通系统（ITS）体系框架中，将智能交通系统分为出行子系统、中心子系统、车辆子系统、路侧子系统和支持子系统，这 5 个子系统构成完整的智能交通系统，各个系统之间通过不同的通信方式相连进行数据传输，从而实现各种智能交通应用。其中路侧子系统与路侧基础设施的功能一致，是智能交通系统的重要组成部分。路侧子系统通过和中心子系统、出行子系统、车辆子系统进行信息交互，可以实现信息采集、收费、停车管理、车辆监测等功能。

随着自动驾驶、车路协同等新技术的发展，智能路侧基础设施与车辆之间的信息交互变得越来越重要。基于车路通信（V2I）的车路协同技术能够实现多种智能交通服务，如车路协同安全控制与预警、信息服务、车路协同式自动驾驶等，可以有效提高交通的安全和效率。

可变标志

可变标志是通过电子装置来控制图案变化的交通标志，包括可变车道控制标志、可变限速标志以及其他可变交通标志等。可变车道控制标

天津市滨海新区首条可变车道控制标志

志是指用在变向车道上，定时地改变车道行车方向和车道数；可变限速标志是指根据环境、道路、交通条件的不同，设置并显示不同的限速标准；可变交通标志是指在天气变化、交通事故、道路施工等情况下，随时变化标志的图案，使驾驶员根据情况选择行驶路线，从而合理调节交通流，尽量减小异常情况对交通造成的影响。

电子站牌

电子站牌是在城市公共汽电车传统站牌的基础上，运用信息技术为公众提供公共汽电车运营实时信息以及出行、生活等相关信息的电子显示装置，全称城市公共汽电车电子站牌。

电子站牌一般由外场设备、杆件、附属设施（基础、防雷接地等）、配套设施（供电、通信、管道等）等组成。管理软件由智能公交系统的

电子站牌（福州）

中心软件统一管理。按杆件类型，电子站牌可分为独立式、联排式、站台一体式等。外场设备，包括固定信息显示牌、动态信息显示牌、外场机箱、支架、线缆、支管等。其中动态信息显示牌，按材质可分为液晶、发光二极管等。动态信息显示牌可以提供如下信息：①各

电子站牌（北京）

公共汽电车线路车辆的时空动态分布。②临近班次的预计到站时间。③天气状况。④突发应急事件。⑤客流疏导和引导。⑥其他出行和生活相关信息。

电子站牌可采用独立接地方式或联合接地方式。当采用独立接地方式时，其防雷接地电阻不大于10欧姆，工作接地电阻不大于4欧姆。当采用联合接地方式时，其联合接地电阻不大于1欧姆。

电源防雷方面，在户外配电箱进线端每路加装三相B级防雷器，

在每个外场设备的配电箱或其设备机箱的电源进线处加装 C 级防雷器。

电子站牌未来的发展方向，应作为智能公交系统的感知端，能够实时获取站台的客流、车流等动态信息，为公交运营调度优化提供数据支撑，为站台突发事件处置提供实时图像支撑等。

路侧智能管控设施

路侧智能管控设施是实现对交通的管理和控制功能的，在运输网周边建设的智能化设施。是路侧基础设施的一种类型。

路侧智能管控设施包括可变情报板（VMS）、动态限速标志、信号控制、安全预警标志、车路协同路侧设备等。后台监控中心或路侧本地控制中心根据路网交通情况，通过路侧智能管控设施向道路上的车辆发送交通管理和控制信息，实现对交通流的管控，提高道路通行效率和安全水平。

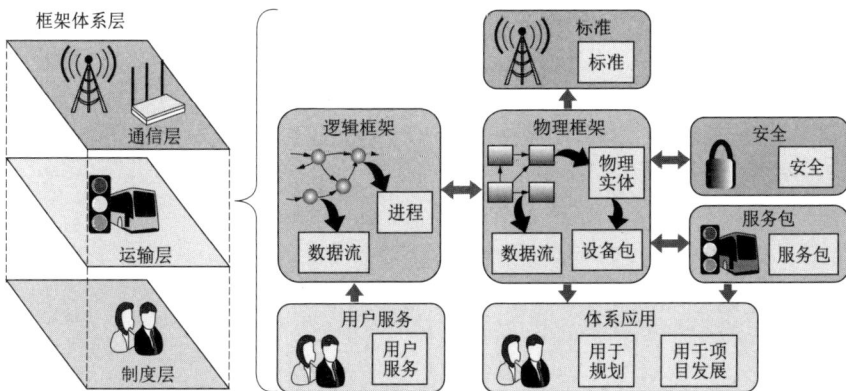

路侧智能管控设施视图

新版的美国智能交通系统（ITS）体系框架中将智能交通系统分为

出行子系统、中心子系统、车辆子系统、路侧子系统和支持子系统，这5个子系统构成完整的智能交通系统，各个系统之间通过不同的通信方式相连进行数据传输，从而实现各种智能交通应用。路侧智能管控设施属于其中路侧子系统的一种类型，是智能交通系统的重要组成部分。通过与中心子系统、出行子系统、车辆子系统进行信息交互，实现对交通流的管控功能。

智能交通路侧基站

智能交通路侧基站是面向智能交通应用的安装于路侧的数字化、智能化的装置，又称车路协同路侧基站、路侧感知基站、V2X路侧基站。

智能交通路侧基站可配合车载装置使用，也可配合路侧的信息发布装置使用。智能交通路侧基站支持区域内交通、道路及环境信息的接入、监测或感知，并在道路现场完成数据的融合、处理及本地智能决策，通过车路无线通信方式或信息发布装置发布各类信息。

智能交通路侧基站的应用场景包括但不限于路口碰撞预警、交通信号管理、不良视距预警、错误驾驶方式驾驶警告、静止车辆警告、禁行预警、专用车道管理、车内标牌、紧急车辆警告、道路施工警示、限速预警、信号违规警告、危险位置通知、生态/经济驾驶、增强型的路径引导和导航服务、本地电子商务、地图下载和更新、紧急救援服务（SOS）、保险和金融服务、装载区管理、安全功能超出正常状态警告等，是车辆感知触觉的延伸。通过智能交通路侧基站，车辆或车辆驾驶员能感知到更远距离的交通道路信息，有益于行车的安全和效率。

交通信息采集

交通信息采集是利用安装在道路或车辆上的检测器、车载导航器以及安装在航空器或卫星上的传感器等进行交通流量、行车速度、管制信息、道路状况、停车场、天气等动态信息收集、录入、加工、分类和整理的活动。

常用的安装在道路上采集交通信息的检测器包括微波交通流检测器、红外交通检测器、线圈交通检测器、激光交通流流检测器、气象采集设备（气象站）以及道路和桥梁基础设施数据传感器等。利用手机信令和互联网数据提取交通信息，是 2010 年后大量使用的新方法。

微波交通流检测器

微波交通流检测器是通过向检测区域发射低能量的微波信号，并对反射的微波信号进行高速实时处理，检测车流量、平均车速、车道占有率等交通流参数的设备，又称微波车辆检测器。常用的是简易线性调频连续波雷达。微波交通流检测器通常设置在道路门架上，或设置在路侧。

红外交通检测器

红外交通检测器是通过向检测区域发射红外线，并对检测区域内行驶车辆反射的红外线信号进行高速实时处理，检测车流量、平均车速、车道占有率等交通流参数的设备。常用有两种安装方式，一种是设置在道路门架上，另一种是设置在路侧。

红外交通检测器一般采用反射式检测技术。反射式检测器的探头由一个红外发光管和一个红外接收管组成，其工作原理是由调制脉冲发生器产生调制脉冲信号，经红外探头向道路上辐射，当有车辆通过时，红外线脉冲信号从车体反射回来，被探头的接收管接收，经红外解调器解调，再通过选通、放大、整流和滤波后触发驱动器输出一个检测信号。

红外交通检测器具有快速准确、轮廓清晰的检测能力。其缺点是工作现场的灰尘、冰雾等会影响系统的正常工作。

线圈交通检测器

线圈交通检测器是在车辆经过感应线圈的检测域时，通过感应线圈电感量的变化而感知车辆状态的检测设备。

线圈交通检测器安装于城市道路、高速公路、一般公路、停车场（库）及各特殊路段（大桥、隧道、海关等）。主要由布设在路面下的感应线圈以及路侧机柜内的线圈信号驱动器、接收器和数据处理单元等路侧装置组成，能够检测当前路面的交通流量、占有率、速度等数据，判断道路阻塞情况。

线圈交通检测器的工作原理为，在同一车道的道路路面下布设 1 个或 1 组（2 个）或多组感应线圈，感应线圈与多通道路侧装置相连。当车辆经过线圈的检测域时，由于车辆通过时状态的变化导致线圈电感量的变化，检测到的车辆状态信号传输给路侧装置中的接收器，由数据处理单元处理和计算。

　　线圈交通检测器的优点是具有测速精度和交通量计数精度高、工作稳定性好、不受气象和交通环境变化的影响，缺点是线圈施工破坏路面、线圈易被重型车辆和路面修理损坏、更换线圈工作量较大以及施工时需封闭车道影响交通等。

激光交通流检测器

　　激光交通流检测器是利用激光和信息技术获取交通流参数的检测设备，是一种非接触式交通检测器。

　　激光交通流检测器的工作原理为，采用半导体激光二极管发射出激光束精确地瞄准目标，并接收目标反射回波，通过测量激光束在激光检测设备与目标之间的传送时间来决定与目标物的距离，进而由连续测量的距离变化得出是否有其他物体存在以及该物体在这段时间内的移动速度。

　　该设备的优点是检测精度高、测量范围人、检测时间短；非接触测量；稳定性好，安装和维护简单方便、无需破坏路面；能够在恶劣天气条件下全天候工作。缺点是造价较高。

车道控制器

　　车道控制器是直接管理车道通行控制信号显示装置的电子电气设备，用于机动车道的通行控制与管理，以提高道路的通行效率与交通安全水平，又称车道使用控制器。

　　基本控制功能主要包括：接受交通流检测数据，本地控制策略的自主决策，根据下游通行条件设置车道限速，根据下游通行条件指示上游来车变更车道，根据下游通行条件开放或关闭车道等。同时，还包括执行上级控制指令，与上下游车道控制器协同运行等。

与应用于道口的交通信号控制器的功能不同，车道控制器输出的是所控车道内车辆通行方向和行驶限速改变的信息。主要包括：前方允许通行、前方向左（右）变更车道、前方禁止通行；以道路交通管理限速值为上限，以递减的方式降低所控车道的限速。

磁传感器

磁传感器是用于探测磁场强度和极性等信息的传感器，在智能交通中主要应用于公路磁诱导系统，该系统用磁传感器探测路面磁场，路面的磁场由磁道钉、磁性标线、通电线缆等产生。

磁传感器具有较好的检测精度和抗干扰性能，经济成本低，是用作提供导航信号的重要设备，适用于道路磁诱导系统、自动导引车（AGV）、自动手推车（AGC）、无轨移动货架、物流拣选等。

磁道钉

磁道钉是可产生稳定的磁场信号的一种稀土永磁材料圆柱体，设置在道路中心线或车道线上，与车载磁传感器配合可用于智能公路、辅助驾驶、自动驾驶。磁道钉是基于磁信号导航的自动公路系统的道路引导标志之一。

作为重要的路面磁性标记，磁道钉沿车道纵向中心线等间距埋设，形成磁诱导磁场。磁道钉具有标识车道中心线的作用，作为车辆行驶的基准，同时，磁道钉磁极朝向可表示一位二进制信息（0和1），若干磁道钉组合可以进行二进制编码，形成编码区，可以传递道路的结构特征信息，如曲率半径、位置、里程等。

磁道钉作为智能公路系统的重要部件，为车辆自动驾驶以及车路全自动运行提供支撑，具有前瞻意义。同时，磁道钉也可用于辅助驾驶系统，产生现实的经济和社会效益。

磁性标线

磁性标线是将具有磁性的材料以带状标线形式布设在路面或路面下，通过磁性传感器受到磁性标线的引导，用于引导驾驶员按规定的道路规则驾驶车辆的一种标线。

磁性标线一般用于磁性诱导系统、辅助驾驶系统、自动驾驶系统研究。由于磁性诱导方式利用检测磁力线原理，一般在磁性标线上铺设一定厚度的沥青混合料不会影响其磁性诱导功能，即使路面上有土、水和雪也不影响诱导效果。

磁性标线主要用于智能运输系统，具备车辆横向警告、侧向引导等公路自动驾驶系统功能，具有深远的现实的经济和社会效益。

埋入式路面状况检测器

埋入式路面状况检测器是将传感器布设在路面下，检测路面干燥和潮湿程度、路面温度、路面积水、路面积雪、路面覆冰等路面状况的检测器。

世界上最早的气象和环境设备主要用于气象行业。随着智能交通的发展，道路气象信息系统作为智能交通系统的子系统，为道路养护和公共交通提供服务。埋入式路面状况检测器是道路气象信息系统的重要组成部分，可以提供大量受气象影响的路面状况信息，已在交通行业广泛使用。

按照工作原理不同，埋入式路面状况检测器可分为主动式埋入和被动式埋入。主动式埋入路面状况检测器属于新型的具备预警与养护决策功能的设备，采用主动元件来冷却、加热路面上的任何液体或溶液，从而精确测量并报告结冰点温度，不受路面上的化学物质类型、混合物及浓度的影响。被动式埋入路面状况检测器是路面状况检测器中的主流产品，由多种探测器和控制器组成，能够检测路面温度、潮湿存在及类型、融雪剂浓度、结冰点温度、冰晶百分比含量、积水深度等。

中国是大雾、雨雪、冰冻等恶劣天气多发国家。据交通运输部统计，每年因恶劣天气引发的阻断事件占全部数量三成以上；据公安部统计，每年因恶劣天气条件下发生的道路交通事故在 10% 以上。影响道路行车安全的主要因素是能见度降低、不良路面状况、超载或驾驶员疲劳驾驶等。埋入式路面状况检测器可以实时检测路面气象状态、冰点、路面温度、路面下 6 厘米温度、路面水膜厚度等，可为交通气象预测与信息发布服务提供基础数据支撑，使得公路气象预报预警有据可依，大幅提升道路养护的精细化水平。

能见度检测器

能见度检测器是适用于测量气象光学视距的设备，又称能见度仪。

根据能见度检测原理不同，能见度检测器主要分为透射式和散射式两种。①透射式能见度检测器。是一种通过测量大气透明度来计算能见度的仪器，因需要基线，占地范围大，不适用于海岸台站、灯塔及船舶上，但其具有自检能力，低能见度下性能好等优点而适用于民航领域。②散射式能见度检测器。可直接测量来自一个小的采样容积的散射光

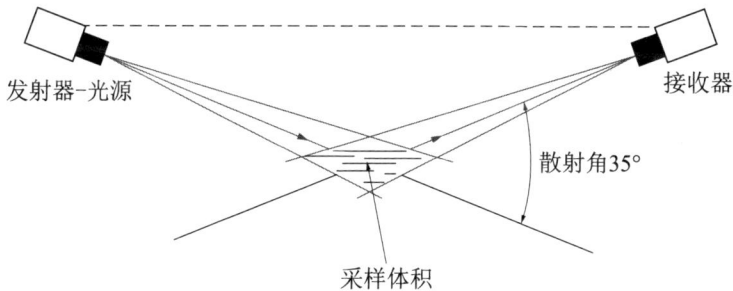

前向散射仪光路示意图

强，根据散射角度不同，可分为前向散射仪、后向散射仪和总散射仪 3 种。其中，前向散射仪以其体积小和低廉的价格而广泛应用于船舶、码头、航空、公路等领域。

动态称重系统

动态称重系统是由一组传感器和含有软件支持的数据处理装置组成，用来测量行驶中车辆轮胎与路面间动态力，计算车辆的轮重（或轴重、总重）、车速、轴数、轴距、车型等车辆参数的系统。

为了避免超载车辆对公路造成早期破坏,欧洲一些国家以及美国、日本、加拿大等国在20世纪50年代开始对车辆动态称重系统进行研究并取得了相应的成果。其中,德国赫斯曼工业集团(PAT)、瑞士奇石乐(Kistler)、美国诺信设备(Mikros)等公司的产品在测量性能方面处于领先水平。中国自"七五"期间开始引进、消化和研制国外动态称重系统,在"八五"期间研制出一种固定式动态车辆称重系统。

动态称重系统一般由称重传感器、车辆分离器、信息采集处理中心(包括信号采集、数据处理等)、系统软件等组成。按照称重传感器的传感原理,动态称重系统可分为电容式、应变式、压电式等,应用较多的是弯板、窄条、石英等传感器;按设备适应的速度范围,分为低速(通常为5千米/小时以下)、中低速(通常为40千米/小时以下)、中高速(可达120千米/小时以上)等。主要应用于高速公路计重收费、超载超限治理、交通轴载调查统计、桥梁结构健康监测等领域。测量的是行驶中车辆的轮胎动态力而不是静态载荷,因此在性能和使用上都与传统的静态汽车衡有着显著区别。《根据用户要求的公路承重监测器系统和测试方法标准规范》是国际上正式发布的动态称重系统标准,也是公认的权威标准。中国根据《动态公路车辆自动衡器》(OIML R134-1)制定了国家标准《动态公路车辆自动衡器》(GB/T 21296—2007)和《国家计量检定规程》(JJG 907—2006)(仅适用于部分可静态测量的具有较高精度的动态称重系统)。

一般的交调设备普遍缺乏轴载参数的检测,而动态称重系统可在不影响现有车辆通行效率的前提下,实时获取行驶中车辆包括轴载的完整交通参数，对公路的规划、运营、养护和执法具有重要意义。随着动态称重技术的不断进步，动态称重系统的动态称量精度和通行速度将不断提高，相应的标准规范也将陆续完善出台。货车电子不停车计重收费和非现场执法治超已经成为动态称重系统新的发展趋势。

违章抓拍系统

违章抓拍系统是利用车辆检测、光电成像、自动控制、网络通信、计算机等技术，对机动车闯红灯、逆行、超速、越线行驶、违例停靠等违章行为，实现全天候监视，捕捉车辆违章图文信息，并根据违章信息进行事后处理的系统，又称电子警察系统或违章拍照系统。

随着汽车与城市交通网络的发展，车辆的交通违章行为成为造成交通事故的主要原因，违章抓拍系统的建立成为惩治违章车辆的必要手段。

上海市浦东新区龙东大道的违章抓拍电子设备

车辆检测的设备与计算机计算设备，组成了交通违章抓拍系统。主要有固定和流动的两种应用形式，自动和人工操作的两种工作方式。

作为交通违法行为行政处罚的取证设备，交警以其形成的电子影像资料为依据对"电子眼"发现的交通违法行为进行处罚。

通过违章抓拍系统这种技术手段的运用，不但节省了人力，缓解了现有冲突，还大幅提高了行政执法效率，真正做到"执法必严，违法必究"，有利于提高机动车驾驶员的自律能力。通过违章抓拍系统执法可以有效地弥补管理上的空当，对机动车驾驶员形成警示，促使其养成遵章守法的良好习惯。

路径诱导

路径诱导是通过提供各类交通出行相关信息，包括道路设施基本信息、交通组织管理信息、交通运行状况信息、施工信息、停车信息、出行吸引点信息，以及根据个体出行需求的定制化信息等，为出行者顺利高效完成出行提供参考，或为管理者达到引导交通流在交通网络均衡分配目的而提供支持的系统和服务。

◆ 分类

根据不同的分类角度，路径诱导有多种分类方式。

①从服务对象角度，路径诱导可分为公共路径诱导和个体路径诱导。公共路径诱导是指相对于交通控制这种强制性的措施，通过可变情报板、交通广播等群发方式，为出行群体提供非个性化的出行信息，在

为出行者提供普遍性信息服务的同时，通过非强制性的方式达到均衡交通流在交通网络分配、总体减少社会出行成本的目的。个体路径诱导是指通过个人持有的智能终端，包括手持终端和车载终端，以语音、图形、文字等多种方式，为满足出行个体特定出行需求，而提供定制化个性化的出行信息服务，包括指路服务、动态路径导航服务、公交换乘服务、停车信息服务等，从而满足出行者个体便捷、高效、舒适、可靠等不同的出行需求。

②从服务的出行方式角度，分为车辆路径诱导、公交路径诱导、慢行路径诱导、混合路径诱导等，分别服务于驾车出行、公交出行、自行车出行和步行等慢行出行以及综合多种出行方式的一体化出行。

③从服务性质角度，分为政府提供的基础性、普遍性和公益性路径诱导服务，以及社会提供的个性化、定制化、增值化路径诱导服务。前者主要通过指路标志、可变情报板、公众媒体，提供群发的路径诱导服务，以及面向个体提供以推送普适类信息为主的引导服务。后者主要是以市场化方式推进的，面向出行个体提供的个性化路径诱导服务。典型代表为互联网企业推出的基于智能手机的动态路径导航和预计行程时间服务。

◆ 作用

路径诱导通过先进的信息技术，特别是移动互联技术，提升了交通出行服务水平，从而提高整个交通网络运行效率和交通管理能力。通过吸引出行者使用路径诱导服务的同时，获取了移动车辆和人的动态信息，成为全面动态感知交通系统运行状态的有效途径。

车载导航

车载导航是以车载装置为终端，利用电子地图进行路径规划，运用定位技术实现车辆定位，为驾驶员提供实时动态的交通出行信息，是指引最优行驶路线的一类交通信息服务系统。

车载导航由定位模块、通信模块、显示模块、语音模块和控制主机等组成。①定位模块，用来接收卫星所传递的信息。②通信模块，通常采用车载无线电话、电台或移动数据终端以完成信息交互功能。③显示模块，用来显示位置路况等视频图像信息。④语音模块，用来完成声音控制及服务等功能。⑤控制主机，用来整合处理各功能模块，配合相应的软件，完成指定功能，如进行数据处理，计算出所在位置的经度、纬度、海拔、速度和时间等。

车载导航的功能主要有导航功能、语音提示功能、定位功能、测速

驾驶员在行程中使用车载导航

功能、增加兴趣点功能、显示轨迹功能等。

按安装方式，分为内置式和外置式两大类。内置式车载导航系统一般由汽车生产厂家在生产环节安装，固定在汽车仪表台内；外置式车载导航系统为后期安装，安装简便，适合于各类汽车的后期改装。

按信息来源，分为本地型路径诱导系统和中心型路径诱导系统两大类。本地型路径诱导系统的定位与导航功能在本地实现；中心型路径诱导系统的路径选择提示由后台中心确定，并发送到车载装置。

高精度定位

高精度定位是利用卫星定位、地图匹配等方式，对可移动物体进行实时定位，且定位精度达到亚米级的技术。

定位精度（positional accuracy）是空间实体位置信息（通常为坐标）与其真实位置之间的接近程度。在实际应用中，高精度定位可融合采用基于载波相位差分的卫星定位、基于机器视觉的道路特征识别、基于激光雷达点云数据的地图匹配、基于惯性导航的航位推算等技术，实现分米级甚至厘米级定位。现使用最为广泛的高精度定位技术，如实时动态（Real-time kinematic; RTK）载波相位差分技术，是实时处理两个测量站载波相位观测量的差分方法，将基准站采集的载波相位发给用户接收机，进行求差解算坐标。这是一种新的常用的卫星定位测量方法，以前的静态、快速静态、动态测量都需要事后进行解算才能获得厘米级的精度，在道路交通中，高精度定位是实现人－车－路协同、路径诱导信息服务、车辆自动驾驶的关键技术之一。

自主诱导系统

自主诱导系统是通过实时交通信息帮助出行者找到一条从出发地到目的地的最优路径，是路径诱导系统的一种方式。

自主诱导系统是一种主动式的交通控制方式，通过传递信息引导和控制交通行为。通过综合运用先进的信息、数据通信、网络、自动控制、交通工程等技术，在没有人工干预的情况下，将诱导系统的感知能力、决策能力、协同能力和行动能力有机地结合起来，实现对交通运行情况的判别，通过实时监测道路关键路段能见度（如事故多发路段、隧道出入口、高速收费站口、桥梁、匝道入口等）、车速、交通流等信息，以及通过一定的控制算法实现对通行车辆智能引导、路形显示、盲点黑点提示、车距警示、动态尾迹跟踪等功能，引导机动车辆在路网中运行并减少对道路上的占用时间，实现交通量在整个路网中的动态均匀分布，以减少拥堵，控制交通安全，使交通行为畅通有序。

动态交通诱导

动态交通诱导是利用实时交通信息为交通出行者提供最佳交通路线的路径诱导系统。

动态交通诱导综合运用先进的地理信息系统（GIS）技术、车辆定位技术和现代通信技术，通过对交通流检测数据、交通事件检测数据和交通事故检测数据等多源交通数据采集、融合、处理、挖掘和分析，基于动态交通流分配最优控制模型与算法、交通流预测模型与算法等各种交通分析模型和算法。动态交通诱导由计算机软件自动生成交通诱导信息，通过一定的发布形式，向交通管理者和交通出行者提供实时、动态的交通路况信息，对交通参与者的出行路径进行科学合理的诱导，实现在控制范围内的最优交通流分布以及以车辆最优行驶路径规划，改善出行质量和道路交通状况。

动态交通诱导以交通流预测和实时动态交通分配为基础，从而避免交通拥堵，达到路网高效运行的目的。

停车诱导

停车诱导是向出行者提供特定区域内的停车相关动态信息，协助出行者寻找和确定最佳停车空间，并辅助出行者到达该空间的一种服务。

停车诱导基于先进的信息、通信等相关技术，通过停车场各出入口的泊位信息采集设备实时检测进出车辆，采集停车场车位变化数据，并通过停车诱导系统进行处理，从而向驾驶员提供各停车场的有效空位信息。在此基础上协助出行者寻找和确定停车目的地，并辅助出行者到达目标停车位置。

停车诱导可分为停车场诱导和车位诱导两个层级。停车场诱导是指协助出行者到达最佳停车场，车位诱导是指在停车场内协助出行者到达最佳停车位。停车诱导的实现需要信息发布机制、信息收集机制、控制中心以及信息传输网络4个基本组成部分。

作为智能交通的重要组成之一，停车诱导不仅可以方便出行者快速寻找和到达最佳停车位，而且可以一定程度上提高交通资源的利用率。

出行信息服务

出行信息服务依托智能交通系统（ITS）和交通运输管理相关领域的应用系统，以最佳改善交通出行的安全性和便利性为目的，集信息采集、处理、发布和传输等基本功能于一体，面向适合的出行服务对象，在适合的时间、地点，采用各种适合的服务方式，为出行者在出行前和出行中提供实用、及时、准确的出行服务信息。

出行信息服务的主要发布手段为互联网、呼叫中心、手机和 PDA 等移动终端、交通广播、路侧广播、图文电视、车载终端、可变情报板、警示标志、车载滚动显示屏、分布在公共场所内的大屏幕、触摸屏等显示装置。

◆ **概念形成**

20 世纪 70 年代，欧美、日本等国家在寻求缓解交通拥塞的研究中，出现了以个体出行者为服务对象的综合交通信息服务系统。出行者信息服务系统分为两个阶段，第一个阶段称为第一代，在 20 世纪 70 年代出现的计算机技术和交通监控系统的基础上发展起来，主要用于提高路网局部通行能力，如严重拥挤的交叉口，或者由特别事件和交通事故引起阻塞的部分路口与路段等。第二阶段也称为第二代，采用信息采集、传输、处理和发布方面的最新技术成果，可以为更广泛的交通参与者提供多种交通方式的实时交通信息和动态路径诱导功能。随着智能交通的发展，利用人工智能、云计算、交通大数据挖掘技术，出行信息服务逐渐向个性化、精准化方向发展。

◆ **基本内容**

出行信息服务为出行者提供路况、突发事件、施工、沿途、气象、环境等信息，为采用公共交通方式的出行者提供票务、营运、站务、转乘、沿途等信息。据此，出行者可提前安排出行计划，变更出行路线，使出行更安全、更便捷、更可靠。出行信息服务的主要流程如下：

①交通信息采集。大部分与道路有关的信息由检测系统（车辆检测器、摄像机、车辆自动定位系统等）采集；其他信息多具有静态的性质，如地图数据库、紧急服务信息、驾驶员服务信息、旅游景点与服务信息等。②交通信息传输。包括有线通信、无线通信。③交通信息处理。采集来的交通信息经过交通管理中心的计算机处理（数据挖掘、数据融合等），提取出对出行者有用的交通信息。④交通信息提供。可通过可变信息标志（Variable Massage Signal; VMS）、车载终端、蜂窝电话、有线电话、有线电视、大屏幕显示和互联网等提供出行信息。使用者可以在家中、办公室、旅游车、商用车、公交车、公交车站，或利用随身携带的个人通信设施完成这些信息的查询、接收和交换。

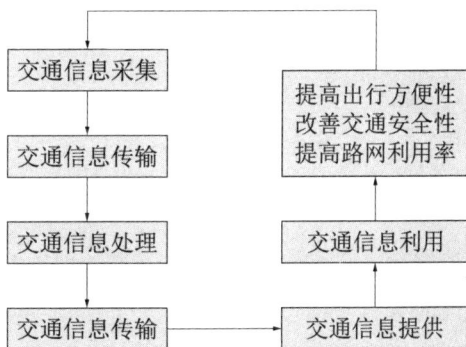

出行信息服务框架示意图

◆ **作用和影响**

有效的出行者信息系统可以提供多种交通方式的出行计划和路线引导，能为各种类型的出行者提供咨询服务，允许出行者确认和支付所享用的服务，并具有个人报警功能。出行信息服务可以在出行前提供，也可以在出行中提供。其中，出行前信息服务为出行者提供用于选择出行方式、出行路线和出发时间的交通信息，包括道路条件、交通状态与出行时间和公交信息等。出行中信息服务为出行者提供在旅途中的交通信息，如交通状态、道路条件、公交信息、路线引导信息以及不利的出行条件、特殊事件、停车场位置等信息。

出行信息服务可改善现有交通质量，大幅提升交通出行者的出行体验感；同时缓解交通拥堵状况，使出行更安全、更便捷、更可靠。

手机出行服务

手机出行服务是利用移动互联网和大数据技术建立的创新式交通出行服务模式。

◆ 形成

2009 年，英国打车软件 Hailo 首先实行出租车手机信息平台模式。同年，美国出现了手机打车客户端优步（Uber），乘客通过手机打车后费用直接从该手机绑定的银行卡中扣除。2011 年，日本也推出了打车软件，主要针对国外语言不通的打车群体和残疾人。2015 年，日本通信应用 Line 在东京推出打车服务，原本 Line 是一款即时通信软件，现在同时内置了打车软件。中国国内最先推出的手机出行服务软件是"快的"打车，于 2012 年上市，同年，"滴滴"打车出现。与此同时，中国国内涌现 30 多种各式各样的手机出行软件，"滴滴"和"快的"经过激烈的竞争后留存，并于 2015 年宣布进行战略合并。此后，利用手机的交通服务逐步扩展到公交与其他交通方式的服务衔接，如出行即服务；还扩展到利用手机和服务平台撮合相似出行路线的公交使用者，形成了定制公交服务等。

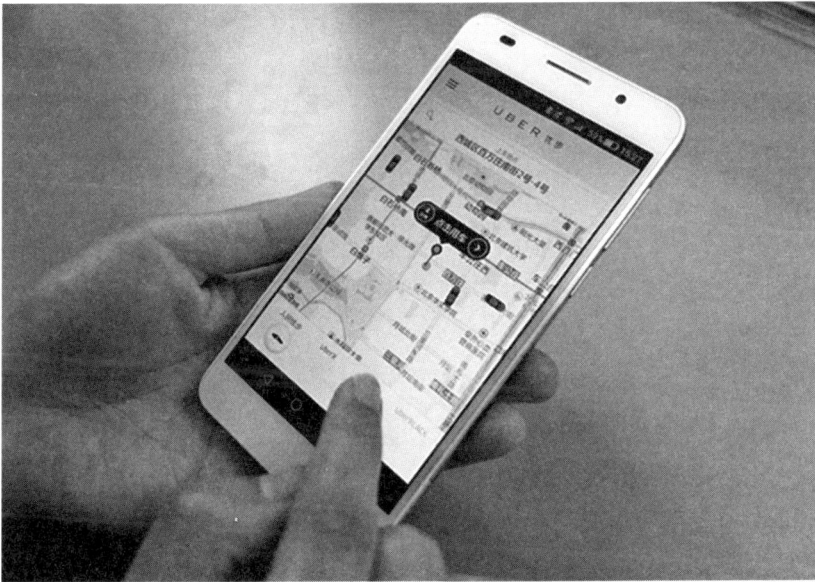

手机出行服务

◆ **基本内容**

手机出行服务通过软件后台对海量数据进行整合和匹配，为出行者提供用车解决方案，在租车司机与出行者之间搭建交易平台，并通过线上终端对线下服务进行全程管控和监督，保障出行者用车期间的权益与人身财产安全。

◆ **作用和影响**

移动互联网时期，"滴滴"等出行服务软件通过手机连接了人与交通工具。手机出行服务弱化了城市出租车保有量和公众数量不匹配的情况，满足了公众出行方式的高品质、多样化、差异性的需求，很大程度上缓解了城市出行难的问题。

交通广播系统

交通广播系统是专为交通参与者和交通管理部门提供交通信息、气象信息、紧急事件信息的无线电广播。

交通广播系统为驾驶员、乘客提供实时路况、天气、资讯、娱乐等信息服务。除了传统广播媒体基本功能外，还具有紧急广播和数据推送功能，可以实现基于位置的智能差异化交通信息服务，在突发紧急情况时进行防灾广播组织指挥事故抢险，提升公路网络的信息服务水平和效率，提高应对公路突发事件的应急处置能力。

◆ 中国交通广播概念形成

在中国，交通广播是由中华人民共和国交通运输部和中央人民广播电台联合打造的国家级交通广播系统，是中国应急广播体系的重要组成部分。2009 年，交通运输部公路科学研究院开展了"高速公路信息服务政策措施研究"课题，提出了跨交通与广电行业对公路交通广播系统建设、运营的政策建议及关键技术方案，并向交通运输部和中央人民广播电台提出组建跨行业的中国高速公路交通广播的建设方案。根据建议，于 2010 年 10 月启动了京津塘高速公路调频广播试点工程，对高速公路交通广播的插播技术、信息推送技术以及播控技术进行了研究。随后，交通运输部公路科学研究院在京津塘高速公路调频广播试点工程中对中国高速公路交通广播整体架构以及关键技术进行了验证，取得了较好的交通服务效果和良好的社会反响。2012 年 4 月，"中国高速公路交通广播"获国家广电总局批准。2012 年 6 月 26 日，中国高速公路交通广播（京津塘段）FM99.6 正式开播。2014 年 1 月 16 日，中国高速公路交通广播在京津冀湘正式开播。2017 年 1 月 1 日，中国高速公路交通广播升级改造为中国交通广播。

中国交通广播开播发布会

◆ **基本内容**

中国交通广播作为中央人民广播电台第 15 套广播节目，按照"平时服务、突发应急"的原则进行建设，是国家应急广播体系的重要组成部分。中国交通广播节目围绕"进出城交通服务、高速路网出行服务和重大事件应急疏导"三大目标为广大司乘人员提供精准、即时、专业的信息服务。

◆ **作用和影响**

随着中国经济迅速发展，人民生活水平不断提高，汽车保有量逐年增高，公众的出行活动日益旺盛，公众出行的增长对交通信息服务提出了更高的需求。从2008年初中国南方部分地区遭受的罕见冰冻雨雪灾害，到"5·12"汶川特大地震等自然灾害，需要一个专门覆盖高速公路、普通公路和城市道路的交通广播节目。中国交通广播的建立充分发挥了传播迅速、收听便捷的优势，在突发事件、交通疏导、灾区救援、预警发布、事故处理等方面也彰显了运筹帷幄、快速处置的独特魅力。随着交通广播系统数字化智能化的发展，中国交通广播将为出行在道路上的公众提供更精细、更准确的交通信息服务。

车载信息终端

车载信息终端是安装在车内用于接收车内及车外信息的车载装置，具备定位、远程通信、车辆状态数据采集及上传、接收调度信息等功能，并能够与车载外围设备实现通信，是先进的交通管理系统（ATMS）、先进的公共交通系统（APTS）、营运车辆运行管理系统（CVO）的组成部分。

车载信息终端一般包括信息显示及信息通信等。信息显示是指将车辆信息包括车速、里程、温度以及车辆控制的相关信息显示在车载信息终端显示屏上；信息通信是指在车载信息终端可与外界通信，得到包括定位、语音、导航、通信信息等。

车载信息终端的主要作用有：①定位。时时跟踪定位，定时定位。

②电子围栏。设备进入或离开围栏时，用户手机可收到告警及设备的位置信息。③车辆防盗。设防状态下，车辆若有异常，设备会发出告警至用户手机。④历史轨迹。用户通过网络服务平台查询设备在任一时段的运动轨迹。⑤远程断油断电。车载信息终端发送远程指令控制车辆断油，设备根据车速智能执行安全熄火命令。

交通信息服务中心

交通信息服务中心是基于对各类动、静态交通数据资源的整合、加工、处理、计算、分析、定制、分发，形成满足特定应用需要的交通信息，并提供给信息需求方的后台处理系统，以及相应的配套支撑环境，包括场所、人员、软硬件系统等。

交通信息服务中心主要面向社会公众出行需求，提供定制化的出行信息服务。可拓展为面向政府管理部门，提供决策支持信息服务；面向运营企业，提供运营支持信息服务；面向科研机构，提供交通数据支持服务。

◆ **基本内容**

国际上，成功应用交通信息服务的典型案例，包括日本的道路交通情报通信系统（Vehicle Information and Communication System; VICS）和美国的 511 出行者信息服务系统等。

中国各地交通部门基于各类动、静态交通数据资源的整合，形成了本地的交通信息服务中心，通过网站、呼叫中心、微博、微信、手机客户端等多种方式，为公众提供基础性、普遍性、公益性的出行信息服务。

随着移动互联技术的发展、智能终端的普及，中国互联网企业通过车辆实时位置和运行速度数据的计算,推出了基于智能手机的动态路径导航和预计行程时间服务,成为驾车出行者重要的出行辅助手段,在个性化增值出行服务方面取得了重要突破,在此基础上也形成了自身的交通信息服务中心。

交通信息服务中心在移动端的应用

◆ 展望

通过建立全社会资源统筹利用机制,构建整合全社会交通信息资源的交通信息服务中心,为出行者提供覆盖多方式、全出行链的一体化出行信息服务,将是未来的发展方向。

车辆远程服务系统

车辆远程服务系统是利用电子、通信和信息处理技术等,远程监测车辆运行情况和车辆部件状态,向车辆服务中心和监控人员提供反馈信息，并进行警示或控制的系统。

车辆远程服务系统可应用于各式车辆，如商务车、物流车、校车和私家车等，其功能包括车辆定位、故障分析与警告、车队管理、驾驶员管理、区域搜索车辆、救援服务、保养管理等。

车辆远程服务系统通常由车载终端、数据中心服务器以及远程监控客户端 3 部分组成。其中，车载终端获取、发送车辆状态信息，接收并执行控制指令；数据中心服务器用来接收、存储、处理和发送数据；远程监控客户端能够查看车辆状态并发送控制指令。就通信拓扑关系而言，数据中心服务器与其他两部分保持双向通信，而 3 部分之间均为双向通信才是更为便捷的。

车辆远程服务系统的开发与相关的技术支撑密切相关。车辆数据采

智能手机上的出行软件为车辆提供远程服务

集通常基于控制器局域网络（controller area network; CAN）或直接通过车载诊断系统（on-board diagnostic; OBD）完成；位置信息获取则基于全球定位系统（global positioning system; GPS）或中国北斗卫星导航系统（BeiDou navigation satellite system; BDS）；数据传输依赖于无线通信，如 4G、WiFi 或 5G/LTE-V/DSRC 等。无线通信技术的发展为更精细的监控任务提供了保障。

交通数字地图

交通数字地图是利用计算机技术生成，以数字方式存储和查阅，专用于交通应用的地图，是数字地图的一种类型。交通数字地图又称电子交通地图。

◆ 分类

交通数字地图有两种基本的数据类型：一种是地理数据，一种是属性数据。地理数据是指交通对象在坐标系统内确定的坐标值，如路段的起讫点位置坐标；属性数据是指与地理数据相对应的交通对象的属性，如公路等级、名称、路面材料、起讫点名称、路宽、长度和交通流量等信息。因此，交通数字地图虽然是纸质地图的数字表现形式，但信息量远远大于普通纸质地图。

根据不同的交通应用，交通数字地图的位置表达精度和数据内容也不同，分为普通数字地图、导航数字地图、支持自动驾驶的高精度数字地图等。

市民查看北京交通数字地图

◆ **主要内容**

交通数字地图的主要内容包括：①外业数据采集。作业前应对测区的情况进行细致的勘察和资料收集，收集关于测区的参考资料是确保测量成果质量、提高测量速度、减轻外业工作量的有效途径。②定位技术。利用布设的定位基准站，有效修正移动设备的卫星定位误差，将定位精度从分米级提升至厘米级。③内业数据处理。利用专业处理软件，依据车载激光雷达测量系统采集后的地理信息系统（GIS）数据，集合现场人工采集及档案资料摘录，完成道路设施、交通管理设施及交通关联设施综合信息的整合，并将数据录入数据化管理基础系统，完成道路综合信息数据的建库工作。

交通数字地图矢量化应严格按照道路交通标志和标线国家标准要

求，对于道路上的文字、符号及箭头等标志，按照面状要素方式采集，并赋予相应属性。

交通气象服务

交通气象服务是通过对交通天气实况监测和预测，减少气象灾害对交通的制约，避免恶劣气象条件对交通造成巨大损失的服务。

交通气象服务用于公路、铁路、水运、民航、邮政和城市交通等气象服务对象，制定可行的信息发布策略以及交通引导方案。主要包括：①交通气象实时监测及分级警报。获取公路沿线交通气象监测站，路网区域卫星云图的实时气象要素信息（包括能见度、风向、风速、气温、路面温度、积雪状况、结冰状况、雨强、云量等），并针对不同的用户和管理需要，制定交通气象灾害分级指标，依照分级警报值提供声光自动报警功能的产品。②交通气象灾害分级预警和临近预报。对可能发生或已经发生的对交通有影响的气象灾害进行全过程跟踪，不定时发布气象分级预警和临近预报，直至灾害性天气过程结束；对灾害过程进行分析和总结，提交总结报告或评估报告。a. 分级预警是针对不同服务对象，在可能发生某一类气象灾害，并达到预警指标值时，提前 1～6 小时以上发布的预警；b. 临近预报是针对不同服务对象，在将要发生某一类气象灾害时，提前 30 分钟以上发布的短时预报。在已经出现某一类气象灾害过程中，对于灾害的变化趋势（灾害量级、影响范围、影响时间等发生变化前）进行跟踪监测和预报，随时发布临近预报产品，直至灾害过程结束。临近预报也包括消散预报。

交通信息安全

交通信息安全是保护、维持交通运输信息系统的保密性、完整性、可用性、真实性、可核查性、抗抵赖性、可靠性等性质的措施，是信息安全技术在交通领域的具体应用和体现。

◆ 概念形成

交通信息安全在 20 世纪经历了一个漫长的历史阶段，20 世纪 90 年代以来得到了深化。进入 21 世纪，随着信息技术的不断发展，交通信息安全问题也日显突出。国际上对于交通信息安全的研究起步较早，投入力度大，已取得了许多成果，并得以推广应用。随着中国交通运输行业信息化的快速发展和智能交通的逐渐普及，交通信息安全也越来越受到社会各界的广泛关注。

◆ 基本内容

交通信息安全主要包括用户终端安全、载运装备单元安全、基础设施单元安全、计算中心安全、网络和通信安全、安全通用技术 6 个部分。运营者应确保所运营的信息系统满足用户终端安全、载运装备单元安全、基础设施单元安全、计算中心安全、网络和通信安全 5 个体系组成部分的专项安全技术要求，同时还要满足安全通用技术要求。采用网络和通信安全技术要求时，应根据不同交通运输信息系统的特征，参考用户终端、载运装备单元、基础设施单元、计算中心的安全技术要求，采用合理的技术措施，确保交通运输信息系统各组成部分安全防护机制之间的协调性和互补性，形成纵深防护能力。

安全通用技术

| 身份鉴别 | 访问控制 | 恶意代码防范 |
| 安全审计 | 密码应用 | ... |

用户终端 安全技术	载运装备单元 安全技术	基础设施单元 安全技术	计算中心 安全技术
设备和主机安全	物理和环境安全	物理和环境安全	物理和环境安全
应用软件安全	设备标识	设备标识	设备和主机安全
数据安全	应用软件安全	应用软件安全	云计算平台安全
入侵防范	数据安全	数据安全	应用软件安全
...	入侵防范	入侵防范	数据安全
	...	...	入侵防范
			...

| 网络和
通信安
全技术 | 物理和环境安全 | 网络架构安全 | 通信传输安全 | 边界防护 |
| | 集中管控 | 访问控制 | 入侵防范 | ... |

交通信息安全体系架构图

◆ **作用和影响**

因交通行业的地域性、移动性、互通性以及直接面向生产应用的属性，一旦发生信息安全事故，其危害程度和危害结果都难以估量，因此，交通运输行业的网络和信息安全关乎国家安全、社会秩序和公众利益。当交通环境从传统的"人-车-路"走向更加开放、多元、立体的车联网、车路协同、自动驾驶等应用场景后，必然会对交通信息安全提出更高的要求和挑战，这也是当前"互联网＋智慧交通"新形势下需要特别关注的焦点问题之一。

交通运输信息安全认证

交通运输信息安全认证是为保护交通运输信息系统安全，用于确保实体所声称身份的正确性所提供的保障措施，又称交通运输网络安全认证。常见的认证方法包括通过实体所知的（如口令）、实体所拥有的（如数字证书）或通过实体特征（如生物特征）对实体身份进行辨识。

◆ 概念形成

自交通运输信息化建设起，使用各种措施实现交通运输信息安全认证成为保障交通运输信息系统安全的最基本手段。初期，需要认证的实体主要为访问交通运输信息系统的人员，认证多采用用户名加口令等技术措施。随着中国交通运输信息化建设不断发展，电子不停车收费（ETC）系统、交通一卡通等业务领域需要认证的实体范围扩展到有交互需求的物体，认证技术措施多采用对称密码技术实现。

在"互联网＋交通"等创新模式驱动下，交通运输行业发展各类政务管理、网络审批、信息互联互通、网络结算、跨行业信息交互等应用需要行业密码技术进一步提供信息安全保障。要求在提供人员信息安全认证的基础上，构建安全的物联网、车联网以及合作式智能运输系统可信接入平台，利用对称和非对称密码技术向各类用户、用户终端、智能交通传感器、载运装备、路侧采集和传输设备、计算中心等实体赋予一个唯一的身份标识，各实体之间具备对该标识进行验证的能力，实现行业统一的信息安全认证。

◆ **基本内容**

在当前信息技术发展阶段，交通运输信息安全认证主要依靠密码技术实现。主要包含以下内容：①对登录交通运输系统的实体进行身份标识和鉴别，用户的身份标识应具有唯一性，身份鉴别信息具有复杂度要求。②信息安全认证失败时，应配置并启用结束会话、限制认证次数和当认证连接超时自动退出等相关必要的保护措施。③计算中心系统、基础设施单元、载运装备单元、专用用户终端、卡证读写设备、卡证之间实现安全注册和基于密钥或证书的身份认证。④身份鉴别信息丢失或失效时，采用鉴别信息重置或其他技术措施保证系统安全。⑤按照"后台实名、前台自愿"的原则，要求用户在各类交通运输应用中进行实名身份（基于姓名、身份证号、VIN 号、移动电话号码等）注册。

◆ **作用和影响**

信息安全（也称网络安全）已经是中国的基本国策，是国家安全的重要组成部分。交通运输重要信息系统是国家的关键信息基础设施，确保交通运输信息安全，成为交通运输行业重要的基本工作。交通运输信息安全认证能够确认登录交通运输信息系统实体的真实身份，进而确定该实体是否具有对某种资源的访问和使用权限，是交通运输信息系统安全的最基本保障。只有实现有效的身份认证，防止攻击者假冒合法实体获得资源的访问权限，交通运输信息系统的访问控制、安全审计、入侵防范等安全机制才能够可靠、有效地执行。

交通密钥管理

交通密钥管理是以密码技术为核心，为交通运输行业信息化提供统一的身份认证、数据加密、安全支付、责任认定等服务的总称。

◆ 基本内容

从技术实现角度，交通密钥管理分为对称密钥管理与数字证书认证两部分。对称密钥管理可为行业各类非涉密信息系统提供对称密钥的生成、存储、分发、备份、恢复、销毁和更新等服务，主要适用于快速认证或交易的证卡类业务系统，实现从业人员和载运工具的快速、跨区域、跨系统身份鉴别，确保业务办理、交易安全及跨域通读通写。数字证书认证则可提供数字证书的申请、认证、延期、变更、吊销、解锁和补发等服务，主要可用于数据来源鉴别和系统管理人员身份鉴别，确保具有跨省数据结算、跨区域重要数据报送等重要业务的安全访问与鉴权，保障系统可靠、安全和稳定。

◆ 作用和影响

交通运输行业密钥管理是网络与信息安全保障体系的重要组成部分，是应用密码技术实现身份认证、授权管理和责任认定，提高网络与信息系统安全保障能力的重要基础设施。随着交通运输行业信息化快速发展，交通运输行业已经进入资源整合、系统互联、业务协同的新阶段，迫切需要建立相对统一的密钥管理体系，来解决交通运输行业信息系统安全防护能力较低、密码技术应用不符合国家标准、安全隐患严重等问题。全面应用交通运输行业密钥管理体系，是提升网络与重要信息系统安全防护能力的重要措施，也是实现交通运输行业相关信息系统间互联互认的前提和基础。

互联车辆驾驶员安全认证

互联车辆驾驶员安全认证是在互联车辆应用中确认驾驶员身份正确性的过程。通过判断人员是否具有对互联车辆特定资源的操控或访问权限，进而为互联车辆安全可靠地运行提供基础安全保障。

◆ 概念形成

自交通运输信息化建设起，使用各种措施实现交通运输信息安全认证，成为保障交通运输信息系统安全的最基本手段。初期，需要认证的实体主要为访问交通运输信息系统的人员，认证多采用用户名加口令等技术措施。随着交通运输信息化建设不断发展，电子不停车收费（ETC）系统、交通一卡通等业务领域需要认证的实体扩展到有交互需求的物体，认证技术措施多采用对称密码技术来实现。

在"互联网＋交通"等创新模式驱动下，交通运输行业发展各类政务管理、网络审批、信息互联互通、网络结算、跨行业信息交互等应用需要行业密码技术提供信息安全保障。车联网、车路协同等技术在为缓解交通拥堵，改善交通安全方面提供了新技术手段的同时也带来了安全风险。因此，以安全认证等技术为基础的安全保障手段应用于互联车辆驾驶员安全防护成为必然。

◆ 基本内容

在当前信息技术发展阶段，互联车辆驾驶员安全认证主要依靠密码技术来实现。互联车辆驾驶员安全认证至少包含以下内容：①对互联车辆驾驶员的身份进行标识和鉴别，用户的身份标识应具有唯一性，身份鉴别信息具有复杂度要求。②安全认证失败时，应配置并启用结束会话、限制认证次数和当认证连接超时自动退出等相关必要的保护措施。③互联车辆与驾驶员之间应实现安全注册和基于密钥（证书）或生物特征的身份认证。④身份鉴别信息丢失或失效时，采用鉴别信息重置或其他技术措施保证系统安全。⑤按照"后台实名、前台自愿"的原则，要求用户在各类交通运输应用中进行实名身份（基于姓名、身份证号、车辆识别号码、移动电话号码等）注册。

互联车辆驾驶员安全认证常见的方法包括：通过人员所知的（如口令）、人员所拥有的（如动态令牌、智能卡、优盘密钥等）或通过人员特征（如生物特征指纹、虹膜等）对身份进行鉴别。

◆ **作用和影响**

互联车辆驾驶员安全认证能够确认互联车辆驾驶员的真实身份，进而确定驾驶员是否具有对某种资源的访问和使用权限，从而为互联车辆安全可靠地运行提供安全保障，是车联网、车路协同等技术的最基本保障。只有实现驾驶员的可信身份认证，防止攻击者假冒合法身份获得资源的访问权限，车联网、车路协同拥有访问控制、安全审计、入侵防范等安全机制才能够具备可靠、有效执行的意义。

第 3 章

先进交通管理系统

先进交通管理系统是通过对道路交通网络中的各种交通信息进行实时采集与传输，并根据现代交通工程理论模型进行实时处理和评价，协调对交通网络系统平稳运行所要求的措施，从而实现道路网络交通流的实时监控、主动控制、协调管理与操作的综合化管理，最大限度地发挥交通网络的通行能力，达到缓解交通拥挤、缩短出行时间、降低能耗、减少交通事故为目的的智能系统。它是智能交通系统（ITS）的重要组成部分。

◆ 概念形成

1963 年，世界上第一个中心式的交通控制系统在加拿大多伦多建成，该系统将检测器的应用与交通信号控制系统结合起来，建成了早期的交通管理中心。与此同时，在美国、欧洲和日本，也逐渐开始了城市道路中心式的交通控制系统（CTSCS）及高速公路管理系统（FMS）的建设，并取得了较好的成效。其中，美国洛杉矶的自动交通监控和控制系统在 1170 个道路交叉口安放了 4509 个检测器，该系统使车辆运行时间减少 18%，速度提高 16%，道路交叉口车辆延缓减少 44%。1994 年，美国着手制定智能交通系统体系框架，并提出了先进交通管理系统的概念和框架。

中国在交通管理系统方面起步较早的领域是城市交通控制系统，如20世纪80年代中期到90年代初期，上海和广州等城市先后引进了澳大利亚的SCATS交通信号控制系统，北京引入了英国的SCOOT系统和南斯拉夫的TRANSIT-7F信号控制系统等，这些系统均在一定时期内对缓解交通问题发挥了重要作用。

◆ **基本内容**

先进交通管理系统主要包括：①交通管理控制中心。作为ATMS的神经枢纽，负责其管理范围内所有控制设施的运转和服务。②信息采集系统。负责采集路段、匝道和收费口的交通参数、道路状况、气象环境信息等，为交通管控决策制定提供依据。③信息传输系统。主要是通过光纤、电缆、微波、移动通信、卫星等传输媒介，在终端与交通管理控制中心之间传输数据、语音和图像等信息。④信息处理系统。主要负责对数据、语音、图像等信息进行处理和分析，生成并不断更新交通状态信息库，提出交通控制方案，并通过相应的设备对管控路段内的交通流做出相应的管理。⑤信息发布系统。负责向出行者提供各类动静态交通状态信息（如路况、气象、事故等）、管制信息、诱导信息等，以促使出行者合理选择出行方式和路径。

先进交通管理系统通过交通监控、信号控制、公交运营、电子收费、综合信息管理、交通事件应急管理等系统为管理者和出行者提供功能服务。①交通监控系统。能够根据视频摄像机、微波车检器等监测设备获得各种交通信息，为交通管理部门管控决策的制定提供依据。该系统包

兰州公安智能交通管理指挥中心使用交通管理系统进行交通状态监控

括交通信息采集、闭路电视监视、电子警察等子系统。②交通信号控制系统。作为城市交通管理系统的重要组成部分，实现对道路交叉口、匝道等处信号灯配时的优化与控制。信号控制方式主要分为点控、线控和面控。③公共交通管理系统。主要包括公交优先、公交车辆定位和跟踪、公共换乘信息服务、电子售票等功能，用于提高公共交通的可靠性、安全性和高效性。④综合信息管理系统。主要包括车辆信息管理、交通事故信息管理、交通违章信息管理、驾驶员管理等子系统，用于提高交通管理部门信息管理效率，减轻交通信息管理人员的劳动强度。

◆ 作用

先进交通管理系统主要用以提高对突发事件的识别、判断、预警和响应能力，提升交通管理部门对突发事件的应急处置能力。

城市道路监控系统

城市道路监控系统是利用外场固定或移动设备采集道路视频信息，通过通信系统传输到中心管理平台进行存储、分发、显示、控制等实现城市道路的监控系统，又称城市道路视频监控系统。

城市道路监控系统源于道路交通监控系统。其产生与道路交通管理和交通运输发展的需求密切相关。一方面，交通主管部门对室内交通实施科学高效的管理，需要实时、准确、全面的交通信息作为支持，全面实时检测和采集交通信息、设施状态信息，科学高效进行交通管理决策、管控和处置。另一方面，随着车辆保有量持续增长和客货运量激增，交通拥堵问题严重，促使社会公众及客货运输相关人员、部门对实时掌握路网交通运行状态的实时信息的需求更为强烈。同时，路网感知相关的检测技术、信息传输技术、数据分析技术也随着社会发展取得明显的提升，这些作用共同促进了道路监控技术不断发展与应用。但随着管理主体多元化，城市中传统道路监控系统中各相关部分逐步独立出来，现今城市道路监控系统多指城市道路视频监控系统。

城市道路监控系统在视频系统方面，已从传统的模拟视频监控系统转向数字视频系统；在后台分析方面，随着机器学习、AI技术发展，逐步由人工监测识别向自动监测方向发展；在视频采集设备方面，从安装在路侧的固定设备向无人机、遥感等大视域检测设备方向发展；在监控点布设方面，逐步从重点路段、重要设施、关键点监控向泛在化方向发展。

公路监控系统

公路监控系统是通过信息采集、信息处理与决策、信息发布与交通控制，以及与高速公路路网、路政管理、交通管理、养护、急救等部门建立密切联系，实时收集交通状态、设施状态、环境状态及其他异常状态，并做出针对性诱导、控制或处置，从而增进交通安全，提高道路通畅性，减少延误，降低车辆能耗和排放，提高公路运营的服务质量和运行效率的监控系统，又称高速公路交通管理系统。

公路监控系统源于道路交通监控系统。由于公路交通管理与城市交通管理的行政管理部门不同，在相关工程建设和运营管理等方面逐步分为公路交通与城市道路两种体系，公路交通重点负责城际之间交通和区

公路监控系统

域间交通战略通道的联络。

采集的信息包括：道路及其周边路网的基本信息和道路设施的状态信息、交通运行状态信息、道路及周边环境状态信息、各类异常事件和计划性特殊事件信息等。信息分析与决策是通过自动控制技术、仿真技术、人工智能技术等信息分析处理技术，进行分析与研判、预测与预警、评估与决策等，为人工或自动处理优化控制方案提供支撑。

车道管理

车道管理是在道路设计和运营过程中，通过运用静态或动态的交通标志和标线等管理手段，对占用车道的车辆资格、行驶速度等进行控制，预先对道路交通流的分布、车辆类型和行驶速度进行组织，以达到提升道路通行效率、行车安全、改善道路交通环境的通行管理。

◆ 概念形成

美国在 21 世纪初提出了管控车道（managed lane）概念，它将现有道路重新划分车道或通过扩建增设新车道的方式，结合可变交通标志、车道检测器等交通管理信息化手段，对车辆的合法性、准入性进行控制，按时段、车型动态调整费率收取通行费，以达到提升道路通行效率的目的。

◆ 基本内容

根据管控车道的独立性和方向划分情况，车道管理可分为专用管控车道、并行车流管控车道和逆向车流管控车道。

①专用管控车道。与相邻的公路普通车道采用护栏或宽缓冲区完全

隔离的管控车道，其性质为快速路。位于公路用地范围之内，用混凝土护栏将管控车道和普通车道隔离开，在全天或部分时段内用作专用管控车道。

②并行车流管控车道。在全天或部分时段供特定车辆通行的与普通车道同方向但不完全分离的管控车道。通过特定的交通出入口来控制车辆的通行，一般位于内车道或路肩范围，通常采用设置路面标志的方法来标识车道，如 HOV 车道、公交专用道、货车专用道。HOV 车道（high occupancy vehicle lanes）是最常见的管控车道控制策略，即高乘用车辆专用车道，是指限定乘载数量的车辆（合乘小汽车、班车和公交车）通行的车道，其目的是提高现有道路的客流输送能力。大多数 HOV 车道要求 2 人及以上的车辆才能合法使用，HOV 车

深圳市首条 HOV 车道试行（2016 年 7 月 26 日）

道一般在主干线或快速路上实施。

③逆向车流管控车道。向非高峰车流方向借一个供高峰车流方向的特定车辆使用的车道。逆向车流管控车道仅在具有明显的车流方向性差异的路段考虑，且非高峰车流方向具备多余的通行能力方可设计或分离成供高峰向车流通行的车道，如潮汐车道。

◆ **管理方式**

中国常见的车道管理方式主要有客货混行、客货分道、单车道通行、潮汐车道通行等。

①客货混行的管理方式。主要是指客车和货车可以自由选择行驶车道，在通行过程中不采取交通管理措施对客车或货车进行分流，是中国高速公路应用最广泛的车道管理方式，适用于交通流处于自由流状态、

武汉市中北路潮汐车道

行车之间无干扰、交通组成中重载货车比例小的交通条件。

②客货分道的管理方式。在一定的时段内，内侧车道仅对客车开放，外侧车道对货车开放，以减轻路段内客车与货车之间相互干扰，适用于交通量较大、客车与货车之间相互干扰大、车辆不需要频繁变道的路段。

③单车道通行的管理方式。主要指单向仅开放一条车道并限速，其余车道处于临时封闭状态，在连续纵坡、桥隧相连、长隧道路段较多的山区高速公路以及日常道路施工养护过程中，为提升道路交通安全，除采取完善安全设施和加强监控等安全措施外，多采取单车道通行的车道管理方式。适用于交通量较小、车道饱和度低、车辆运行速度差异较小的路段，且封闭路段距离不宜太长。

④潮汐车道通行的管理方式。在潮汐交通比较明显的道路上，处于交通高峰时期的一侧借用一条或若干条对向车道，以缓解高峰时期道路交通拥堵，常见于城市道路交通管理。

匝道控制

匝道控制是通过控制车辆流入流出改善道路交通状况，是高速公路控制车辆数量的一种主要形式。

匝道控制的目标是改善主线交通流运行效率及安全，进而提升交通走廊的整体运行水平。匝道控制多指入口匝道控制，其基本原理是限制进入道路的车辆数量以保证交通需求不超过通行能力。

匝道控制的概念可追溯至 20 世纪 60 年代，最初为定时控制，根据高速公路的历史运行规律，离线生成固定方案。随着交通检测器的丰富，感应控制被提出，实时生成动态方案。根据控制范围，可分为单点匝道控制和协调匝道控制。另外，还有一种形式是封闭匝道，即在一定时间段内持续关闭匝道。

北京市万泉河桥匝道

匝道控制系统主要由车辆检测器、信号灯和匝道控制机组成。车辆检测器用于检测交通运行状况，信号灯用于指示车辆通行或在停车线前等待，匝道控制机用于执行匝道控制程序。

匝道控制的意义主要在于：①减少整个快速道路系统内所有车辆的行程时间。②使交通流量均匀平滑，改善交通流运行，减少不舒适感和环境的干扰。③消除或减少交汇中的冲突和事故。

先进车辆控制系统

先进车辆控制系统是利用车载设备及路侧设备，检测车辆周围行驶环境的变化，通过信息融合和处理，自动识别出危险情况，协助驾驶员进行安全驾驶或自动驾驶，以提高行车安全和增加道路通行能力的系统。

◆ 概念形成

先进车辆控制系统属于智能交通系统（intelligent transport system; ITS）中的一个子类，涵盖了一系列基本功能子系统，如自适应巡航控制系统、车道偏离警告系统、盲区探测预警系统、自动导航定位系统等。这一概念最早于 1988 年由美国 "Mobility 2000" 工作组提出。

对于先进车辆控制系统的开发与研究最早始于对自动高速公路系统（Automated Highway System）项目。该项目是通用汽车公司为 1939 年纽约世界博览会开发的一个亮点项目。在 20 世纪 50 年代末期，通用汽车公司和美国无线电公司开发并展示了一款名为电子化高速公路的车辆转向及速度自动控制技术。

当代先进车辆控制系统的研究主要始于 1986 年。欧洲的汽车制造商发起了 PROMETHEUS（Program for European Traffic with Highest Efficiency and Unprecedented Safety）项目，旨在探索提高道路交通系统容量以及安全性的合作发展技术架构。1986 年，美国加州交通局与加州大学伯克利分校交通学院共同创立了 PATH 项目，该项研究聚焦于车辆纵向行驶控制和横向行驶控制系统的开发。日本运输省与汽车制造商于 1991 年发起了 ASV（Advanced Safety Vehicle）项目，旨在开发一系列提高行车安全的技术。

◆ **作用和影响**

先进车辆控制系统主要用于提高行车安全性、提升交通效率、增强行车舒适性等。得益于先进车辆控制系统对交通安全的促进作用，多数商用车辆都已经装配相关行车安全技术，如自适应巡航、换道辅助等。汽车制造商、政府以及相关研究机构也在推进相关技术的加速发展。

合作式车辆安全系统

合作式车辆安全系统是利用通信和网络技术，应用车与车（V2V）、车与基础设施（V2I）通信实现驾驶员、车辆和基础设施间的动态实时信息交互，利用车辆、道路和交通信息开展车辆主动安全控制和道路协同管理，实现人、车、路的协同，保证交通安全，提高通行效率，从而形成的安全、高效和环保的车辆安全系统。

车车通信和车路通信可基于专用短程通信技术（DSRC）和其他低延时、高可靠通信技术。合作式车辆安全系统的特点是利用多项通信技术，让车与车、车与基础设施之间能够通信，使得道路使用者和交通管理者能共享信息并有效协调。例如，车辆之间能够自动发送紧急刹车或前方拥堵等警示信息，也可以自动接收某一路段设施发送的限速等信息。在此系统帮助下，驾驶员能够减少人为失误，在驾驶过程中做出更加正确的决定并适应交通状况。因此，配置这一系统预计将显著提升行车安全、交通效率以及驾驶的舒适性。

智能驾驶

智能驾驶是由机器辅助驾驶员进行驾驶，以及在特定情况下完全由机器取代驾驶员驾驶的技术，又称自动驾驶。

智能驾驶通过车辆的传感器获得相关的环境信息及车辆信息，并通过车载计算单元获得认知决策结果，并最终通过底层控制器实现对车辆的控制以执行某一功能。

智能驾驶是一个广泛的概念，包含了各种辅助驾驶员驾驶的功能。根据美国汽车工程师协会的标准，这些功能可以分为 5 个等级，分别是：L1 驾驶辅助、L2 部分自动驾驶、L3 部分场景下自动驾驶、L4 高等级自动驾驶、L5 完全自动驾驶。

随着人们对驾车体验要求的不断提升，越来越多的量产车上面装配

2018 年世界人工智能大会的无人车自动驾驶试乘

了 L1 ～ L3 自动驾驶功能。例如，自动紧急制动功能已经成为高端车的标配，该功能利用雷达及摄像头在车辆可能出现碰撞的情况下介入制动。再例如，在欧美国家很多车辆标配的车道线识别辅助功能，该功能利用摄像头检测车道线，并在车辆偏离车道中心线时发出警告并辅助转向。更高层级智能驾驶功能，如特斯拉的 Autopilot 系统也已经可以实现在部分城市道路下的车辆自动驾驶，其通过多传感器融合及高性能的计算单元准确地感知周围环境信息并做出合理的控制决策。

随着人工智能产业的不断发展，智能驾驶越来越成为汽车行业的一个竞争激烈的新领域，也是经济与科技发展的战略制高点之一。发展智能驾驶，对于促进国家科技、经济，提高大众出行体验、提升生活质量有重大意义。

安全辅助驾驶

安全辅助驾驶是通过安装在车辆及道路上的各种传感器获取所驾驶车辆、周围环境以及其他车辆状况等信息，为驾驶员提供提示或预警信息，必要时对车辆实施辅助控制，以提高驾驶安全性的技术。

按功能，安全辅助驾驶主要分为车辆周围障碍物检测、驾驶员状态监测、行车危险预警与车辆控制和信息交互系统四部分。其中，车辆周围障碍物检测包括车辆检测和行人检测等；驾驶员状态监测主要是指监测驾驶员疲劳与否，必要时给予提示。此外，该项技术也可用于学习和模拟驾驶员行为，指导设计良好的用户信息交互界面。

安全辅助驾驶系统需要感知、决策和执行 3 个层次的技术支持。感

车辆装载的安全辅助驾驶系统

知系统根据功能分为车辆状况信息监测系统、交通环境感知系统和驾驶员信息监测系统。决策内容取决于产品特定功能，如紧急避撞系统和车道保持系统，决策内容分别为制动力与转向输入。执行操作包括预警信号或直接控制，自适应巡航系统提供驱动力与制动力控制。

自动驾驶

自动驾驶是通过车辆上的传感器对车辆周围环境进行感知并做出决策控制，在无需驾驶员操作的情况下的自行驾驶。

自动驾驶车辆原型始于美国通用汽车公司在 1939 年纽约世界博览会上展出的概念车。从 20 世纪 70 年代开始，美国、英国、德国、日本等发达国家纷纷启动自动驾驶技术研究。从 80 年代末开始，自动驾驶技术得到进一步研究和试验，如美国国防部高级计划研究局（DARPA）的自主地面车辆（AVL）项目和 Demo 系列无人驾驶车辆、欧洲的普罗米修斯计划（Prometheus）和 Prevent 项目等。特别是 1994 年美国国会通过的、并经美国总统签署的《综合地面运输效率法案》明确提出开发和试验智能交通系统（ITS），其中包括开发自动驾驶车辆，并且要求在 2007 年以前为自动驾驶车辆修建一条公路以检验自动驾驶的可行性和可用性。此后，美国、欧洲和日本大力开展了自动驾驶的开发和研究，自动驾驶车辆在每年举办的智能交通世界大会上都是重要的演示和体验项目。2008 年还在美国纽约市第 11 大街上进行了城市道路的自动驾驶展示。2010 年以来，随着人工智能、大数据及云计算等技术的快速发展，算法突破、数据积累和算力提升催生了新一轮自动驾驶技术研究的热潮，除了美、欧、日等传统车企，谷歌（Google）、特斯拉（Tesla）和中国的小米等 IT 企业也异军突起，具备高度自动驾驶或全自动驾驶功能的汽车在发达国家和中国道路上进行了大规模的测试。同时，政策法规、社会态度及资本市场等各方面因素也正在加速自动驾驶汽车的商业化和标准化。

借助美国汽车工程学会 SAE J3016 文件提出的 5 级自动驾驶等级划分标准，自动驾驶应覆盖 L1 到 L5 整个阶段，而预警提示、短暂干预等 L0 级阶段则不在自动驾驶技术范围之内。在 L1、L2 阶段，车辆的自动驾驶系统只作为驾驶员的辅助，但能够持续地完成汽车横向或纵向某一方面的自主控制；无人驾驶主要是指 L4、L5 阶段，车辆能够在限定环境乃至全部环境下完成所有的驾驶任务，是指向自动驾驶车辆技术发展的最高级别。

自动驾驶汽车等级划分表

SAE	名称	功能定义描述	驾驶	监控	辅助	作用域
0	无自动化	由人操作汽车，行驶过程中可以得到警告和系统的辅助	人			无
1	驾驶辅助	通过环境信息对方向和加减速中的一项操作提供支持，其他驾驶操作都由人操作	人、系统	人	人	部分
2	部分自动化	通过环境信息对方向和加减速中的多项操作提供支持，其他驾驶操作都由人操作				
3	有条件自动化	由自动驾驶系统完成所有驾驶操作。根据系统请求，人提供适当应答	系统	系统		
4	高度自动化	在限定道路和环境条件下，由自动驾驶系统完成所有驾驶操作。根据系统请求，人不一定需要对所有请求做出应答			系统	
5	完全自动化	在所有的道路、环境条件下，由自动驾驶系统全时完成所有驾驶操作				全域

无人驾驶汽车

无人驾驶汽车是通过车载传感系统感知道路环境，自动规划行车路线并控制车辆安全到达预定目标的智能驾驶车辆，又称轮式移动机器人、自动驾驶汽车。

无人驾驶汽车通过给车辆装备智能软件和多种感应设备，包括摄像头、雷达、GPS以及无线通信设备等，实现车辆不依赖驾驶员的自动安全行驶。可以在传统意义的驾驶员位置上设置安全监控人员，也可以取消转向盘、加速和制动踏板以及驾驶员座位。

◆ 概念形成

研究最早开始于 20 世纪 50 年代的美国，通用汽车公司于 1956 年正式展出了 Firebird 3 概念车，这是世界上第一辆配备了汽车安全及自动导航系统的，神似火箭头的概念车。从 70 年代开始，美国、英国、德国、日本等国家纷纷开展无人驾驶技术的研究。从 1980 年开始，无人驾驶技术得到较快发展，如美国国防部高级计划研究局（Defense Advanced Research Projects Agency; DARPA）的自主地面车辆（AVL）项目和 Demo 系列无人驾驶车辆、欧洲的"普罗米修斯"（Prometheus）计划和"Prevent"项目等。特别是 1994 年美国国会通过并经美国总统签署的《综合地面运输效率法案》明确提出开发和试验智能交通系统（ITS），其中包括开发自动驾驶车辆，并且要求在 2007 年以前为自动

无人驾驶概念车

驾驶车辆修建一条公路以检验自动驾驶的可行性和可用性。此后美国、欧洲和日本产业界大力开展了自动驾驶的开发和研究，自动驾驶车辆在每年举办的智能交通世界大会上都是重要的演示和体验项目。2008 年还在美国纽约市第 11 大街上进行了城市道路的自动驾驶展示。

中国的大学和研究机构从 20 世纪 80 年代开始无人驾驶技术的研究，如国防科技大学在 1992 年成功研制出中国第一辆真正意义上的无人驾驶汽车，2011 年与一汽集团合作研制的红旗 HQ3 无人驾驶车，完成 286 公里的高速全程无人驾驶试验。

进入 21 世纪后，特别是 2010 年后，随着人工智能、无线通信、传感器等技术的逐渐成熟，并结合移动互联网的应用，促使无人驾驶技术发展迅猛，正在向商业化应用方向发展。

无人驾驶巴士

◆ 基本内容

利用车载传感器来感知车辆周围环境，并根据感知所获得的道路、车辆位置和障碍物信息，由计算机和软件控制车辆转向、速度和制动，从而使车辆能够安全、可靠地在道路上行驶。

按照对道路设施的依赖程度，无人驾驶汽车可分为两类：自主式和协同式。自主式无人驾驶汽车完全基于车载设备来完成自动驾驶任务，如基于机器视觉和雷达等车载传感器的无人驾驶汽车属于自主式。协同式无人驾驶汽车的自动驾驶任务不仅依靠车载传感器，还需要车辆和路侧设施间的信息交互，如基于路面磁诱导原理的无人驾驶汽车、采用通信手段实现车路交互技术的无人驾驶汽车等，属于协同式。

◆ 作用和影响

纵观历史，每一次交通运输革命都是由运载工具创新引发的。无人驾驶汽车带给交通运输的无疑是又一次新的革命。从驾驶任务本身的角度看，它将从根本上解决交通安全问题，大幅降低交通事故，解决疲劳驾驶问题，同时将会极大地提高运输效率。从运输模式的角度看，无人驾驶和移动互联网产业的结合，将根本改变现有的运输和出行方式，如在相对封闭的园区或社区运行以及解决人们短距离或"最后一公里"出行的低速无人驾驶车辆。无人驾驶技术涉及汽车工程、人工智能、自动控制、移动通信等众多学科领域，是计算机科学、模式识别和智能控制技术高度发展的产物，也是衡量一个国家科研实力和工业水平的一个重要标志，在国防和国民经济领域具有广阔的应用前景。

智能车辆

智能车辆是集环境感知、规划决策和辅助驾驶等功能于一体的交通工具，是智能交通系统的重要组成部分。

在组成上除了与传统车辆的共有部分之外，智能车辆还包括环境感知传感器、智能决策单元、智能控制器和全球定位系统（GPS）等部件。用于环境感知的传感器包括激光雷达、毫米波雷达、摄像头等，这些传感器实时感知驾驶员、车辆和车辆周围环境的信息，并将这些信息经过简单处理后，以一定的格式发给决策单元；用于智能决策的决策单元包括工控机、单片机、嵌入式控制系统和现场可编程门阵列（field-programmable gate array; FPGA）等硬件。这些硬件对传感器传来的感知信息进行认知和处理，结合定位和通信部件得到的信息，并按照一定的驾驶规则做出安全且正确的驾驶决策，并将决策结果发给车载显示器或提醒装置，提示驾驶员采取相应的措施，甚至直接将决策结果发给车载控制器；用于自主智能控制的控制器则根据决策单元传来的决策指令，对车辆的转向、加速和制动等过程进行安全、稳定的控制。

智能车辆的开发和研究，对于提高交通安全性、道路通行能力，节约能源、减轻驾驶员疲劳程度和提高乘坐舒适性等具有重要意义。

互联车辆

互联车辆是互联网＋汽车的衍变，分为智能汽车、电动汽车和无人驾驶汽车。

互联车辆第一发展阶段的主要目标是为互联车辆项目提供一个平台，从而对互联汽车的近期影响、时间部署以及预算安排得到一个可视化效果。除此之外，互联车辆项目第一发展阶段更为具体的目标就是开发一种完全创新的协同工作互联概念汽车，同时与项目伙伴建立合作关系，并对降低技术、体制以及财务风险准备一项全面的部署计划。

◆ **概念形成**

2014 年 12 月下旬，美国交通运输部针对"互联车辆"项目发布了一则发展声明，表示将在 2015 年 1 月 15 日之前或 15 日当天全面启动互联车辆项目的第一发展阶段，即概念车研发阶段，并推出了相应的发展纲要。

美国交通运输部主导的互联车辆项目主要分为 3 个发展阶段，分别为第一阶段概念车发展阶段，第二阶段设计制造测试阶段，以及第三阶段维护和运营阶段。美国交通运输部表示，互联车辆项目合约的唯一考量标准就是第一阶段的表现。只有顺利通过第一阶段并获得一定荣誉的合约竞争者才有资格继续竞争第二、第三阶段的发展合约。其中第一阶段的发展周期预计将不会超过 12 个月的时间。

互联车辆研究项目涉及的方面非常复杂，其中包括车辆安全性、车辆间相互连接的通信渠道、通信基础设施以及乘客个人的通信设备等。互联车辆项目是在美国交通运输部等部门赞助下开展的，其主要发展目的就是通过将无线技术应用到道路交通中，从而使得道路交通变得更加安全、更加智能以及更加环保。

关于互联车辆的研发项目已经开展了大量的研发准备工作，其中就包括针对互联车辆而开展的系统设计文件存档以及超过 24 辆的互联车辆应用原型机车辆等。同时，美国联邦政府还为互联车辆项目研发得到了许多重要的跨领域技术。此外，美国联邦政府还通过对互联车辆集成化设计得到了其他的一些支持功能。2012 ～ 2013 年，美国交通运输部在美国密歇根州的安娜堡市对互联车辆项目的安全驾驶功能进行了测试工作。其中互联车辆安全驾驶功能主要设计目的就是为了减少汽车事故数量以提高道路系统的安全性。通过测试也测得了车辆与车辆之间通信安全应用的潜力。

基于互联车辆的研究结果，美国交通运输部互联车辆项目致力寻找一种可以同时利用新形式的互联车辆和移动设备数据的互联交通方式，其主要目的就是为了改善道路交通系统的性能，提升以性能表现为发展指标的道路交通管理系统。

◆　基本内容

关于互联车辆的性能提升主要涉及以下几点：车辆安全性提高、车辆机动性加强、公共交通工作效率提升以及车辆环境影响降低等。

美国交通运输部推出的关于互联车辆项目第一发展阶段的发展纲要介绍道："互联汽车的决策能力可以通过系统用户和系统管理者而得到改进。这样做的目的就是根据当地实际需求进行互联汽车应用部署，同时还可以为以后的跨社区跨地区的应用奠定基础。而在互联汽车推向全国时其还可以为其他地区的试点人员提供可以借鉴的经验。互联汽车项目计划成为永久性的互联汽车试点内容，其将直接应用到车辆日常的操作当中，这样一来，就可以为互联汽车试点扩张奠定了坚实的基础。为了能够在无政府资助的情况下也可以持续性发展，汽车互联项目正在寻求与其他机构的合作或商业类的合作等。只有通过与其他机构的合作或商业类合作才可能实现互联汽车项目的持续性发展。"

互联车辆第一发展阶段的主要目标就是为互联车辆项目提供一个平台，从而对互联车辆的近期影响、时间部署以及预算安排得到一个可视化效果。除此之外，互联车辆项目第一发展阶段更为具体的目标就是开发一种完全创新的协同工作互联概念汽车，同时与项目伙伴建立合作关系，并对降低技术、体制以及财务风险准备一项全面的部署计划。

美国交通运输部还向外界展示了互联车辆技术的工作过程，其中在互联车辆工作中，来自互联车辆的数据被收集起来之后将被主要用作车载应用的数据基础。互联车辆技术涉及的车载应用主要包括电子紧急制动警示灯系统、道路天气驾驶警告系统、交通信号灯路口环保通行系统、事故现场警示系统、拥堵警示系统、互联保护系统以及手机接入行人信号灯系统等。

电子紧急制动警示灯系统主要作用是，如果在车辆行驶路线前方且视线之外的车辆发生制动时，该系统就会及时地通知后面的行驶车辆，从而起到警示作用。道路天气驾驶警告系统可以在道路状况恶化或行驶天气状况不佳时针对具体的路段为驾车人员提供警示信息以及具体的驾驶建议等。交通信号灯路口环保通行系统可以为驾驶员提供交通信号灯的计时信息，从而可以让驾驶员提前了解路口红绿灯情况，提早控制车速最终无须停车并以最节能的方式在绿灯时顺利通过路口。事故现场警示系统可以为驾驶员提供前方交通事故的发生信息，从而警示驾驶员减速慢行或及时变更车道，同时，还可以警示事故现场当事人为后续接近车辆摆放危险标志。拥堵警示系统可以监测交通通行量，从而发现低速行驶车辆并警示后续驾驶员减速慢行以防追尾。互联保护系统的主要作用是，可以通过分析乘客的实时交通信息，进行更加精确的预测，从而对乘客能否继续互联而进行预测。如果汽车发生了晚点现象，其中的多数乘客都将无法接入到下一个连接中，那么，此时交通管理部门将会调整汽车的行驶路线从而确保乘客连接的持续性。而手机接入行人信号灯系统主要作用是在身患残疾的行人通过智能手机向交通管理人员发送一条"自动化行人呼叫"信息后，行人信号灯就会一直点亮直至行人解除信号为止。同时，该系统还可以警示驾驶员十字路口有行人通行。

互联车辆的技术与应用，全部来源于一个具备高度鲁棒性的底层平台，这个平台能够为所有使用者提供一致的、兼容的、安全的服务。平台由 CV 核心系统、CV 标准、CV 认证、CV 测试、CV 人因工程等部分组成。

CV 核心系统

CV 核心系统的目标是建立一个可信的系统架构和安全数据交换系统。建立这一系统的路径主要是通过目前常用的需求导向路径，也就是首先考虑这一系统的用户需求。在用户需求的基础上，明确系统架构的以下具体细节：①系统构成、各部分功能，以及相对应的考核办法。②系统接口，并基于这些接口的风险等级确定适宜的开放性与控制强度。明确接口还将为核心系统带来以下好处：确定已有标准是否充足与修订需求，确定新标准的指定内容；确定可能需要标准规范的内容；确定标准认证测试在设备、应用、设施运行风险控制方面的作用。

核心系统的建立是为了通过有线和无线通信为分布式、多样化的应用提供支撑。数据的交换主要发生在车辆、行人等移动物体之间，也发生在车辆、基础设施等移动物体与固定物体之间。核心系统和整个 CV 环境通信的关键因素是各通信发生物体间的诚信水平，而其中一个复杂的因素是维护使用者的隐私。

从部署的角度来看，CV 项目既包括本地核心系统应用，也包括区域核心系统应用，这些应用有足够的灵活性和应对用户需求不断变化的扩展性。核心系统必须满足国家级标准，以确保基本功能的一致性和必要的跨区域兼容性。

CV 标准

CV 标准是一种能提供编程代码、定义以及在信息系统和设备之间采用无缝信息交流的规则，它具备相互操作性和一致性。为了加快互联汽车系统的采用与部署进度，美国交通运输部开始寻求统一的 ITS 标准。这个过程所涉及的相关方，包括车辆和设备制造商，标准组织和政府，以及为了达成统一标准的多个跨区域合作。

CV 认证

CV 认证是根据其互操作性的要求，确保系统部件能在制造的过程中取得预期效果。并保证用户可以使信任的组件在系统内工作。认证研究的目标是在与公共和私营部门建立密切合作伙伴关系，以便达到对装置、应用程序、设备和系统的相应认证的要求。

CV 测试

CV 测试是在真实的世界，可操作的试验台提供支持车辆、基础建设，以及满足服务于公共和私营部门的测试和认证活动的需要。测试环境研究的目标是建立一个最小的测试台，可支持连续的研究、试验，以及演示有关互联运输系统的概念、标准、应用示范和创新产品。测试环境也将作为一个前提或各州与地方政府关于车辆之间的无线通信部署基础。他们预计将为私营部门产生可持续发展的市场，作为测试环境使产品和应用给购买产品的地州和地方消费者带来利益。

CV 人因工程

CV 人为因素的研究重点是理解、评估、规划和抵消信号或系统生成消息的影响，这些影响包括司机眼睛离开路面（视觉干扰），司机的驾驶任务（认知干扰）和司机的手离开方向盘（手动分心）。人为因素对互联车辆的视野研究项目的数量是解决新的视觉和听觉刺激，创造竞争增加要求司机的注意力和相对更大的驱动负载，以确保无线交通安全应用程序和技术不被干扰。

CV 示范应用

2015 年 9 月，美国交通运输部宣布选择 3 个 CV 部署示范作为该计划的第 1 轮参与者。这 3 个站点共同构想了由特定于示范区域需求的 CV 技术应用。3 个示范区包括：①怀俄明州南部 I-80 洲际公路。示范内容包括安全和高效的卡车运行，以及开发车－车通信（V2V）和交叉口通信，以改善高优先级走廊中的车辆流量和行人安全。②纽约市。基于 CV 的城市交通安全和信息服务应用。③佛罗里达州坦帕市。基于

CV 的高速公路安全和移动应用程序。

最初的试点部署开始于最初的概念开发阶段，持续 12 个月。第一阶段侧重于系统完善和核心运营理念、系统要求以及 CV 计划的全面部署。强大而全面的部署规划将有助于在计划的第二阶段和第三阶段快速推进 CV 技术的落地应用。这 3 个试点将在其自身、美国交通运输部以及其他利益相关者和团队成员之间合作，以最大限度地提高计划生产力。预计合作模式将有利于当前的努力以及稍后在该计划中确定的第二波试点。

车联网

车联网是利用通信和信息技术，以车辆为载体，实现智能化交通管理、智能动态信息服务和车辆智能化控制等，进而实现人、车、路的有效协同的信息服务系统，其基础为车内网、车际网和车载移动互联网。车 -X（V2X）涵盖的通信主体有车 - 车通信（V2V）、车 - 路通信（V2R）、车与行人（V2H）以及车与互联网（V2I）等。

基本结构可以分为 3 层：车辆终端层、车联网中间层、云平台层。其中，车辆终端层包含数据感知与采集和用户交互界面。一方面通过车辆底盘的控制局域网（CAN）总线或者后装传感器采集交通环境与行车状态信息，另一方面通过导航仪、平板、手机等终端与驾驶员进行信息交互。车联网中间层包含相应的通信技术及软硬件。

涉及的通信技术有专程短程通信技术（dedicated short range

communication; DSRC）、移动蜂窝网通信技术（包括 4G、5G 等）、无线局域网（Wi-Fi）、蓝牙、紫蜂（Zigbee）等，根据通信范围是车内、车际或车载移动互联网来选用适配的技术。车联网可提供多种服务，如行车安全、一键导航、影音娱乐、维修保养等，因此，生态链涵盖了交通管理、车辆管理、紧急救援、物流、保险、汽车制造商、4S 店、汽车租赁等。

动态道路预警

动态道路预警是实时提供给出行者道路危险信息的一种方式。它借助路侧智能系统，实时感知道路交通状态、道路气象环境、道路基础设施运行状况等，综合各类信息动态判断潜在危险，分析道路交通安全风险因素，包括人为因素、道路因素、车辆因素等，并将危险类型、程度、位置、影响范围、持续时间等通过路侧信息发布设备或无线通信方式发送至相关交通参与者，帮助驾驶员了解车辆和道路的状况，提醒其采取相应措施，提高车辆的主动安全防护性能，以降低风险发生概率的全面预警系统。

主要信息来源包括定位数据、交通状态数据、天气数据、管理中心数据、驾驶员数据以及事故数据等。动态道路预警一方面是为了避免或者减轻由于道路风险问题引起的重大交通事故及其交通延误，另一方面是为了避免或者减轻由于道路风险问题引起的交通基础设施严重损毁与破坏。

先进公共交通系统

出租车营运监控信息系统

出租车营运监控信息系统是利用通信和计算机网络技术等建立起来的对出租车进行监管和调度的信息系统，又称出租车运行监控及指挥调度系统。

◆ 基本内容

主要功能包括基础数据管理、行业监管、车辆监控、报警提醒、投诉管理、应急指挥调度、车辆远程管理、信息发布和查询统计等。主要供行业管理部门使用。

基础数据管理功能包括出租车企业基础信息、出租车基础信息、出租车驾驶员基础信息和出租车运价信息等信息的维护。行业监管功能包括企业及车辆在线率监控、重点区域监控、错时交班监控、跨区域运营监控。车辆监控功能包括车辆定位监控、历史轨迹回放。报警提醒功能包括防劫报警提醒、电子围栏报警提醒、超速提醒、超时驾驶提醒等，系统支持声音、文字等方式的报警提醒，并能对报警车辆进行监听和拍照。投诉管理功能包括投诉受理、调查取证、投诉处理记录。应急指挥调度功能包括应急运力调度方案管理、应急调度指令下发、应急调度执行过程监控、效果评估。车辆远程管理功能包括录音管理、远程拍照管理、车辆远程锁定。信息发布功能包括定期将路况、天气预报、突发事件、公益宣传、企业、驾驶员信用信息及信誉考核结构等信息发布到运营专用设备；对全部车辆下发或仅对符合条件的部分车辆下发，对发布失败的车辆自动重发或提醒管理人员进行处理；通过任务定制的方式进行发送，定时执行或者通过条件触发执行，记录发布的详细日志。查询统计功能包括营运数据查询统计、服务评价数据查询统计、驾驶员上下班数据查询统计、驾驶员违规投诉查询统计。

◆　**作用和影响**

出租车营运监控信息系统为规范出租车企业及驾驶员经营行为，保障乘客出行合法权益、保证车辆驾驶员人身安全，以及为提高突发事件处置水平与社会管理水平提供了有效的技术手段。

先进城市客运系统

先进城市客运系统是利用通信、电子、计算机网络、全球定位和地理信息技术等，实现对公共交通车辆实时调度监控运营，并面向公众、公交企业、公交行业主管部门、城市交通管理部门、第三方服务机构等多用户主体的公交智能化系统，又称智能公共交通系统。

先进城市客运系统主要包括公交信息感知体系、数据中心、公交信息服务系统、公交智能调度系统、公交决策支持系统、公交信号优先系统以及公交专用道管理系统和电子支付系统等内容。

①公交信息感知体系。是整个智能公共交通系统的基础支撑。各城市公交信息感知体系建设主体不一，使用主体为公交企业，建设内容应根据各城市基础条件和实际需求而定。

②数据中心。是智能公共交通系统的中枢。数据中心实现对公共交

通相关数据的汇聚和统一管理，为各类应用系统提供数据支撑。数据中心一般分为企业数据中心和行业数据中心两级，部分城市分别建设；两级数据信息共享；部分城市统一建设单个数据中心。

③公交信息服务系统。主要为出行公众提供不同形式的综合信息服务。系统用户一般为公交行业主管部门或公交企业，具体服务模式可根据城市实际情况确定，由公交行业管理单位、公交企业或者第三方服务机构提供信息获取及分析服务。

④公交智能调度系统。可实现对公交车辆的实时监控和组织调度。系统用户一般为公交运营企业，系统生成业务数据可用于信息服务以及行业决策支持。

⑤公交决策支持系统。主要实现公交运行监控、运营安全、出行特征、驾驶行为等方面的分析决策以及业务数据的分析。系统用户为公交行业主管部门，系统功能根据主管部门业务需求确定。

⑥公交信号优先系统。通过对公交车辆的实时检测和对交叉口信号的动态控制，使公交车辆在交叉口优先通行。系统用户为城市交通管理部门，应在充分考虑系统影响和效益后，由城市交通、公安等部门配合完成系统建设和运行。

⑦公交专用道管理系统。于车头或路侧安装违章抓拍设备以保障公交专有路权。系统用户为城市交通管理部门，应在充分考虑系统影响和效益后，由城市交通、公安等部门配合完成系统建设以及运行。

⑧电子支付系统。采用 IC 公交一卡通、乘车二维码、近场支付等方式实现乘坐公交车过程中对起讫点的短时判定以及基于此的自动付

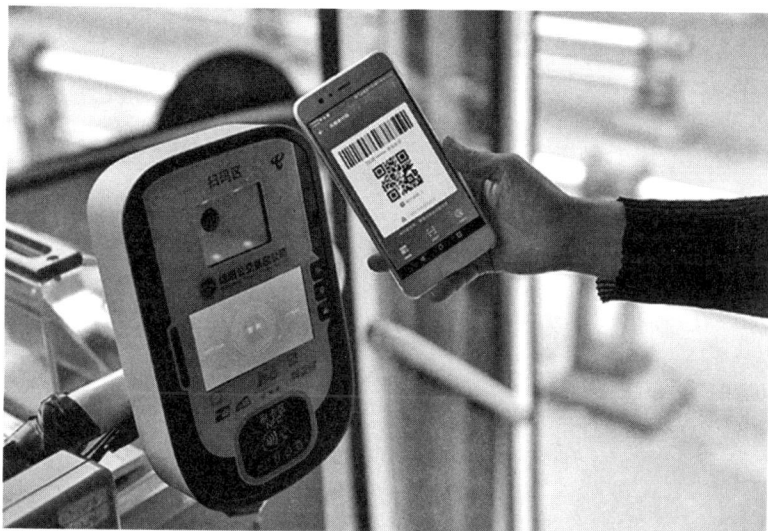

乘客使用手机支付宝扫码支付乘坐公交车

费。同时随着互联网融入生活，企业进入公交支付领域，增加了城市公交系统使用时支付的便利性。

公共交通信号优先

在地面道路的信号控制交叉口，根据一定的优先策略，在不对其他的交通产生显著干扰的前提下，利用交叉口的信号控制为公交车辆提供优先通行信号。是公交优先发展的一个重要措施。

◆ 概念形成

20世纪60年代初，公交优先在法国巴黎被提出，体现的是一种"以人为本、效率优先"的交通理念，主要从政策、规划、意识、技术等方面加以展现。最早的公交信号优先控制是1967年在美国洛杉矶所做的公交优先控制实验。20世纪90年代以来，随着信息技术、控制技术、计算机技术的发展,公交信号优先的研究逐渐完善。随后美国针对智能运输系统(ITS)的电子设备间数据传输所制定的标准通信协议(*National Transportation Communications for ITS Protocol*; NTCIP)第二版中给出了公交信号优先的定义。

◆ **基本内容**

根据控制策略,公共交通信号优先,主要分为 3 类:被动优先、主动优先和实时优先。①被动优先。在不设置公交车辆检测器(即不考虑公交车辆是否真正出现在交叉口)的条件下,根据公交车辆历史的运行情况,预先进行交叉口的信号配时。②主动优先。当布设的公交车辆检测器感应到公交车辆即将到达交叉口时,通过调整信号灯方案以使公交车辆顺利通过交叉口。③实时优先。在布设公交车辆检测器和交通状态检测系统的条件下,考虑公交车辆与社会车辆延误的均衡,通过适应公交车辆的运行和当前交通状态来合理地调整信号灯方案。

◆ **作用**

先进城市客运系统可以减少公共交通车辆的总延误和运行时间,提高公共交通运行时间及服务的可靠性,改善公共交通的服务质量,增加对出行者的吸引力。

铁路智能化营运管理系统

铁路智能化营运管理系统是应用先进的信息技术和有效的运输管理手段,对现有铁路的客运管理、货运管理、行包管理、集装箱管理、编组站管理系统进行优化和整合，并增加客运营销、货运营销等新内容而形成的综合化、高效化和智能化的铁路营运管理系统。

从逻辑框架的角度出发，系统包括智能化客运管理系统、智能化货运管理系统和智能化编组站系统 3 个功能域。智能化客运管理系统包括制订客运计划、客运营销决策和行包管理 3 个功能域，智能化货运管理系统包括制订货运计划、货运营销决策 2 个功能域，智能化编组站系统包括智能化进路控制、驼峰作业智能控制、智能化信息处理 3 个功能域。

铁路智能化营运管理系统框架图

基于总体物理框架的定义，系统包括 3 个子系统：中央管理子系统、车站子系统、列车子系统。中央管理子系统包括 6 个子系统：客运计划优化系统、客运营销决策系统、货运计划优化系统、货运营销决策系统、集装箱管理系统、编组站信息管理系统。车站子系统包括 10 个子系统：市场信息采集系统、客票发售和预订系统、行包管理系统、集装箱信息系统、货物作业信息系统、编组站作业自动化系统、计算机联锁控制系统、接发车自动控制系统、自动化驼峰系统、编组站调车控制系统。列车子系统包括 5 个子系统：列车定位系统、列车服务系统、货物追踪系统、车载通信系统、车号识别系统。中央管理子系统与车站子系统之间采用有线或无线通信，车站子系统与列车子系统之间采用无线通信，列车与列车之间需采用专用的车—车无线通信。

铁路智能化营运管理系统

铁路智能化营运管理系统是涵盖国家铁路集团、铁路局、动车基地、动车运用所的业务需求，兼容多种车型动车组技术管理，适应不同动车维修基地站场布局、工艺流程和生产组织模式，实现动车组维修基地生产、作业、技术、物流、设备、安全、质量、生产成本、经营决策等全面信息化管理，以及动车组全路调配运用和网络化维修管理，实现对供应链物流管理和部件委托修理安全质量进度的全面监控，达到"自动数据采集、科学安排生产、安全质量卡控、数字综合展示、智能维修支持、现代检修管理"，保障动车组安全高效运用和动车组维修网优质高效运转，为动车组在既有线提速、客运专线、高速铁路的开行提供信息化支撑的系统。

随着铁路提速和高速铁路的建设，动车组的开行量越来越大，高效率、高质量做好动车组的检修是保障动车组安全运行的重要基础。为此，中国铁路总公司（现中国国家铁路集团有限公司）根据中国铁路网规划建设了动车组检修基地和动车组运用所，来承担动车组的检修任务。动车组检修基地现代化的3个重要标志是科学的平面布局、先进的工艺流程与工装设备以及现代化的管理信息系统。

根据中国动车组检修管理模式，动车组管理信息系统由国家铁路集团动车组管理信息系统、铁路局动车组管理信息系统、动车段动车组管理信息系统、动车组运用所动车组运用管理信息系统和动车组基地动车

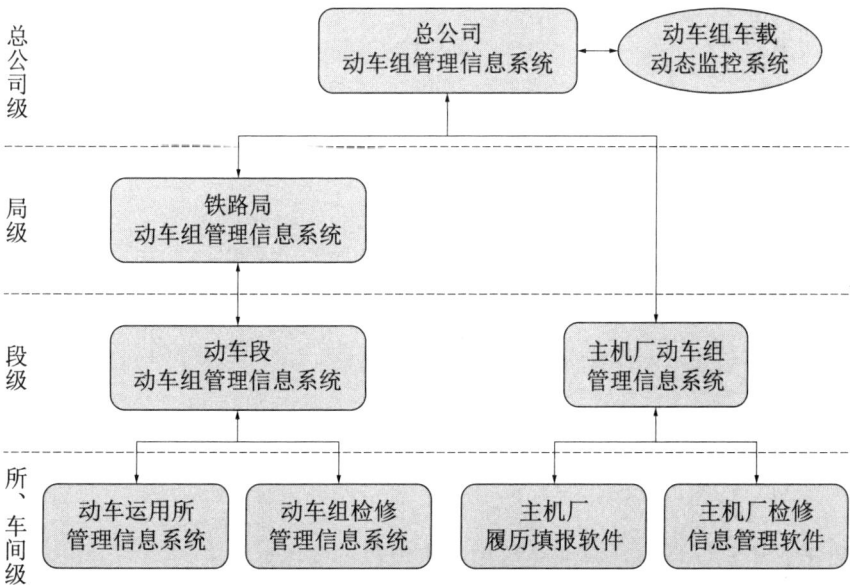

高速铁路动车组管理信息系统结构图

组检修管理信息系统，划分为铁路总公司、铁路局、动车段、动车基地（动车运用所）四级管理。由于车辆工厂承担着动车组新造和部分检修任务，所以高速铁路动车组管理信息系统（EMUMIS）还包括车辆工厂动车组管理信息系统以及车辆工厂新造履历填报软件和车辆工厂检修信息管理软件等。

车号自动识别系统

车号自动识别系统是对铁路机车、车辆运行位置信息进行动态追踪管理的实时信息自动采集和报告的识别系统。

通过在所有机车、车辆上安装固化了车号信息的电子标签（TAG），同时在所有区段站、编组站、大型货运站和分界站的特定位置安装地面自动识别设备（AEI），当机车或车辆通过地面自动识别设备时，车号信息被自动识别出来并传输至上级信息系统进行应用，实现机车及车辆实时追踪管理。

中国铁路车号自动识别系统主要由车辆标签、地面自动识别设备、车站报警设备（CPS）、列检复示系统、标签编程系统及信息查询终端组成。采集的机车、车辆实时位置信息，可与车站系统、确报系统、货票系统、十八点统计系统、机车统计系统、车辆管理系统相结合，为各级运输、机务、车辆、统计、财务等部门提供实时、准确的运输组织和机车、车辆的使用、管理及运输成本核算等信息，为中国铁路运输作业的现代化、网络化提供支持。

实时列车追踪系统

实时列车追踪系统是采用先进的定位设备，对列车进行实时、准确的定位及追踪，将列车位置信息及时可靠地发送至上级控制中心，以实现对列车运行实时控制的智能追踪系统。可以识别系统内运行的每一辆列车，为其分配唯一的列车标识符，根据列车的移动不断修改列车的位置信息。是对列车运行进行监控的基础，也是列车运行调整、列车自动进路的重要保障。

日本新干线运行管理系统

日本新干线运行管理系统是以自主分散运行管理系统为中心，子系统具有各种功能，并且相互间实现信息共享的新型列车运行管理系统。由运输计划、运行管理、维护作业管理、设备管理、电力控制、集中信息监视、车辆管理、站内工作管理8个子系统组成。由东日本铁道公司于1995年开发，从1996年11月启动，使用至今。

日本新干线运行管理系统的显著特征是，以列车运行计划管理为中心，对所辖各站进行集中式的进路控制，形成了围绕列车运行的、周密的运输计划制定程序，从宏观上规定了全线运输的秩序。监视终端能监视所有设备的遥控启动和设备的动作状态。此外，还设有开发训练设备，用于调度员的教育培训和扩展功能时的事先确认。为了实现在列车停运时间段内的遥控维修，需要对工作中的软件和已修改的软件进行切换，因此系统具有现行软件和修改软件间的切换功能。

日本先进列车管理通信系统

日本先进列车管理通信系统是由日本日立公司于 1995 年开发研制的一种基于地面和列车之间信息传输的无线通信系统。列车控制不再基于轨道电路，而是采用了基于通信的列车自动控制技术（CBTC），通过数字无线通信实现地面和列车间的信息传输，且该信息可以在机车内显示。

日本先进列车管理通信系统可以改善服务的可靠性，提高安全性并降低成本。该系统的功能与欧洲列车控制系统 3 级（ETCS3）和基于通信的列车控制系统相似，很高的安全性是通过运用列车位置识别和列车距离控制技术实现的。该系统拥有联锁功能、列车防护功能、固定地点

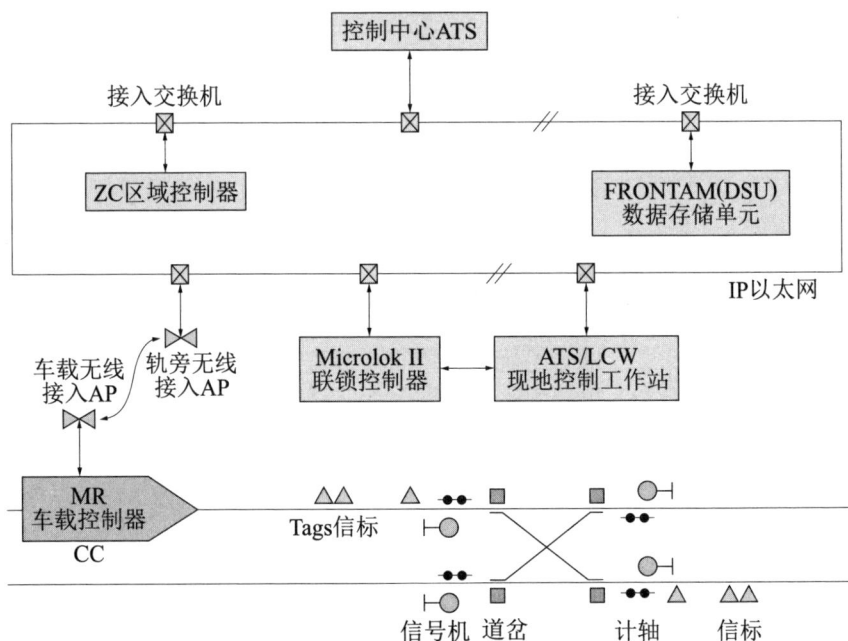

日本先进列车管理通信系统结构图

限速功能、自动紧急制动以及列车位置信息存储功能，此外，还将逐步增加新的功能，包括通过使用列车位置信息和调度员设置的临时限速实现的平交道口控制功能。

历经近 15 年的完善，东日本旅客铁路公司的先进列车管理通信系统，在 2010 年 3 月做好了投入商业应用的准备，并通过最后的验证，能够识别列车位置，使用机车信号而非传统地面设备，如轨道电路和轨旁信号机等。2010 年 10 月 10 日，该系统在日本仙石铁路上开始商业应用。

欧洲铁路运营管理系统

欧洲铁路运营管理系统是欧盟委员会和国际铁路联盟为实现全欧洲高速铁路网互联运输而组织开发的新型管理系统。

欧洲铁路运营管理系统采用基于通信的列车控制技术，用一套系统统一了全欧洲的信号标准，实现了高速动车组的跨国运营。该系统以欧洲列车控制系统（ETCS）为标准，以国际无线通信标准（GSM-R）为平台，欧洲点式应答器为定位手段，包括欧洲列车控制、无线通信标准和运输管理 3 个子系统，主要功能包括行车指挥和运输管理。主要优点：既能与现有路网兼容，又可满足各成员国的特殊需要；易于升级；增加了线路通过能力；减少旅行时间和运营成本。

欧洲铁路运营管理系统由欧洲共同体于 1989 年 12 月设立，作为欧洲 21 世纪干线铁路总体解决方案。截至 2018 年年底，欧洲有 8 个国家的铁路部门在进行现场试验，10 个国家签署了商务合同。现代通信与传统信号相结合的技术减少了现场设备数量，降低了投资和维护成本。

西班牙是欧洲最大的系统使用国，也是欧洲第一个把该系统引入城市通勤铁路线的国家，投入服务的铁路总里程长约 1050 千米。

应急管理系统

应急管理系统涵盖应急管理整个过程，包括应急准备、监测预警、应急响应（应急指挥）和应急恢复等，是由应急需要的组织机构、人员物资的储备与运输、通信设施等构成的，运用各种技术手段和方法，以期有效预防和处理突发事件，减少损失，恢复社会稳定和公众对政府信任的动态管理系统，也是用以提高对突发交通事件的报警和反应能力，改善应急反应的资源配置系统。

◆ **概念形成**

国际上一些国家应急管理系统（平台）的发展相对较早，已经建立起相对比较完善的应急体系，构成部门或专项应急平台，基本上由中央政府层面和地方层面组成的多级应急平台分级处置。

表 1　部分国家应急管理系统（平台）简介

国家	应急管理系统（平台）简介
美国	由联邦、州、市级应急平台以及相应的移动应急平台组成，建设和使用机构是各级政府的应急运行中心。联邦层面的应急平台由国家安全运行中心（National Security Operation Center; NSOC）建设和使用，联邦应急管理署（Federal Emergency Management Agency; FEMA）还在美国建立了 10 个大区应急管理系统。依靠高新技术的综合集成，具备风险分析、监测监控、预警预测、动态决策、综合协调、应急联动与中介评估等功能，以实现公共安全应急的一体化、实时化、精确化与快速反应

续表

国家	应急管理系统（平台）简介
日本	1996 年开始建立灾害信息系统（Disaster Information System）包括早期评价系统（Early Estimation System）和应急决策支持系统（Emergency Measure Support System），覆盖范围从首相官邸、内阁府和都道府县等行政机关，一直延伸到市町村。现已构筑了以总理府、省政府和地方政府为核心的，由各部、各专业领域和各层次力量组成的多角度、多领域、多层次的协作系统。日本建立了应急联络卫星移动电话系统、防灾情报卫星发报系统和灾害信息搜集、传输情报共享系统以及气象立体观测系统和地震监测系统
英国	2004 年英国各地方政府开始建立集成由内阁和郡县级组成的应急管理平台（Integrated Emergency Management; IEM）。IEM 有指挥、控制、协调、协作、通信等 5 个核心模块，能够增强多个应急机构之间的协调与协作能力，以应对大规模突发事件
德国	2001 年开始建立危机预防信息系统（German Emergency Planning Information System; deNIS）。deNIS 为突发事件的援救提供信息服务，致力于巨灾管理的信息支持，评估灾难现状情势和面临的问题，连接了联邦政府和各州成员，目标是建立一个网络，为突发事件援救提供信息服务，存储的数据包括静态数据和动态数据

中国国务院应急平台于 2006 年启动建设，已经构建了以国家级应急平台为顶层，以省（区、市）级、市（地、盟）级、县（区）级应急平台，以及各级政府部门应急平台为节点的国家应急平台体系，实现对突发事件的监测监控、预测预警、信息报告、综合研判、辅助决策、指挥调度等功能。

◆ **基本内容**

城市应急管理系统

由于突发事件的种类、发生的时间、发生的地点不同，应急管理工作内容及其侧重点也不同，因而针对不同的事件、不同区域建设的不同类型的应急管理系统在目标与功能上有较大差别。中国国内比较突出的城市应急管理系统有北京模式、上海模式、南宁模式、深圳模式、广州模式和扬州模式等。

表 2 中国国内典型城市的应急管理系统模式

地区	概述
北京	政府牵头、统一接听，借助某个比较有优势的应急部门的资源，进行集中处理。同时设置了不同应急指挥小组，当出现大问题需要指挥时，小组担当指挥责任，进行统一的资源协调和调配
上海	成立应急联动中心，将火警电话和匪警电话相统一，将110、119和交巡警指挥中心3个指挥平台合并成1个指挥平台，从而成为应急联动中心的指挥平台，实现了公安、交警和消防3家联合办公。公安、消防等17家单位成为应急联动中心的联动单位，联动单位任务明确，有通则预案和专项预案，保持信息沟通渠道畅通
南宁	采用"统一接警，统一处警"的应急联动工作体制和应急联动机制，设置社会应急联动中心机构，单独编制，集权模式，市民拨打的110、119、120、122等报警电话自动转入南宁市城市应急联动中心，由该中心统一接警，统一处警，按照工作预案及实际情况及时向有关联动单位发出处警指令
深圳	整合资源，把语音、集群通信和视频通信进行融合，从而利用融合通信技术实现城市应急部门的联动，而不是简单地通过行政手段进行
广州	由公安牵头，多级接警、多级处警，指挥平台覆盖几乎所有的指挥体系，主要警种集中办公。这种模式比较灵活，可设定成中国任何一种模式运行，因而便于与其他联动单位的协调与合作，联动阻力小
扬州	统一接警机制，分别处警，依托现有架构，侧重分级应急进行统一规划分别建设、统一指挥分工协作，政府建设核心的数据交换与指挥中心节点，各部门按照自己的任务，建立自己的分节点与各自的业务指挥系统，指挥中心只起到统一指挥、统一调度、统一资源的作用

交通应急管理系统

按照行政职责不同，一般可以划分为公路应急管理系统、水路应急管理系统、道路运输应急管理系统、铁路和民航应急管理系统等。交通应急管理系统一般由国家、省（区、市）、市（地、盟）和县4级组成。交通运输部主要负责处置一级突发事件并协调处置跨省突发事件，省级主要负责处置二级突发事件并协调处置跨地市突发事件，市级主要负责处置三级突发事件并协调处置跨区县突发事件，县级主要负责具体应急处置现场执行工作。

公路应急管理系统主要针对由于自然灾害、事故等引发的公路突发事件进行监测预警和应急处置的管理系统；水路应急管理系统主要针对由于航道或港口出现中断、瘫痪、生态环境破坏和严重社会危害等引发的水路突发事件进行监测预警和应急处置的管理系统；道路运输应急管理系统针对由于自然灾害、道路运输生产事故等原因引发的重要客运枢纽运行中断、严重人员伤亡、大量人员需要疏散等道路运输突发事件进行监测预警和应急处置的管理系统。

基本功能如下：

①应急值守和信息接报。主要用于及时获取、传达突发事件信息。市、县或企业采用主动与被动相结合的方式进行应急值守，除被动接听报警电话外，还依托前端信息采集设备、预警系统开展全天候值守作业。部、省主要实行被动值守，即依托应急值班室完成应急值守工作，在重大节假日、大型自然灾害等特殊时段可通过与市、县或企业的实时在线联动的方式进行主动值守。

②风险隐患管理。主要用于全面掌握公路、水路交通运输重大风险源及其状态，及时研判安全风险并提供预防措施建议。风险隐患主要包

括重要公路水路基础设施、重点运输工具及交通建设领域的安全隐患及风险源。日常管理部门主要为市、县交通运输主管部门以及企业，部、省主要负责汇总分析高级别风险隐患信息。

③应急资源管理。主要用于全面、清晰掌握应急物资、装备、队伍等资源信息，并跟踪其技术状态，为科学开展应急指挥调度提供可靠的决策支持。省、市、县交通主管部门对辖区应急资源进行统一管理，并与相邻行政区域共享应急资源储备信息；部级平台能够查看各省应急资源储备状况，以及国家级交通应急物资储备基地的物资储备状况。

④应急辅助决策。主要用于辅助应急指挥人员迅速掌握准确情况、研判事件态势、形成合理的处置方案、科学调度相关资源等，提高应急处置效率和水平。应急辅助决策方案可根据部、省、市、县以及企业的应急处置权限分级建设，并相互联动。

⑤应急指挥调度。主要用于实现应急处置过程中各层级人员的高效沟通，保障应急处置各类指令、信息准确通畅的上传下达。应急指挥调度系统充分依托现有通信系统、网络系统组织建设，并集成应急专用通信系统功能，实现统一界面的通信指挥调度及管理。

⑥应急信息服务。政府与公众的信息沟通渠道，主要用于发生突发事件时向公众提供交通诱导、紧急疏散、信息公开、信息反馈等信息服务。

⑦应急统计分析。主要用于辅助应急管理人员掌握所辖区域历年突发事件特征、时空分布规律、处置效果等情况，以支撑应急管理宏观决策。

⑧应急评估。主要用于辅助应急管理人员科学评估以往突发事件应急处置效果，分析应急指挥过程中的不足，以及应急组织体系、应急预

案体系、应急队伍、应急资源储备等方面的缺陷，为改进应急指挥流程以及应急体系后续建设提供决策依据。

⑨应急培训与演练。主要用于辅助应急管理人员开展日常的培训、演练等工作，提高应急队伍应对突发事件能力。

交通综合运行协调与应急指挥中心

交通综合运行协调与应急指挥中心指通过整合综合交通资源，最大限度地预防和减少突发公共交通事件及其造成的损害，保障公众的生命财产安全，实现综合交通运输的统筹、协调和联动所设置的突发公共交通事件应急处置平台。

◆ 概念形成

自20世纪90年代末，智能交通系统（ITS）在世界各地得到迅猛发展，中国引发ITS研究热潮，国家ITS体系框架（第二版）中ITS数据管理领域将交通综合信息平台（交通综合运行协调与应急指挥中心的前身）列为应用系统，之后，中国围绕交通综合信息平台功能定位、建设模式、运行管理机制等开展了深入的探索和研究。2008年，北京奥运会期间首次实现了综合交通协调指挥，圆满完成了奥运交通运输保障工作。2010年底，北京市交通运行协调指挥中心（Beijing Transportation Operations Coordination Center; TOCC）一期工程建设完成，建成了中国首个省级综合交通运行监测协调指挥中心，并批复设立独立运行机构——北京市交通运行监测调度中心，随后中国多个省、市陆续开展了省、市级综合交通监测与协调指挥中心建设，各地所建中心命名略有差异，业务范围也不尽相同，TOCC 成为此类中心的统称。2016 年，交通运输部整合中国海上搜救中心、交通运输部救助打捞局、交通运输路网监测与应急处置中心等相关部门应急指挥协调业务，建成交通运输综合应急指挥中心。

北京公安交通管理局交通指挥中心的智能交通管理系统

◆ 基本内容

交通综合运行协调与应急指挥中心构建了面向路网运行、综合运输等多个监测板块，涵盖全路网、全运输方式一体化全覆盖的综合交通运行监测与数据服务体系，具备了全面监测综合交通运行情况的能力，创立并固化了综合交通运行监测这一交通新型业务，可面向政府决策、行业监管、企业运营、百姓出行的不同需求，提供定制化、体系化综合交通动态数据服务，促进综合交通管理和发展模式向综合协调转变，实现综合交通运输的统筹、协调和联动。

◆ 作用和影响

交通综合运行协调与应急指挥中心促进了综合交通系统大规模、多方式协同高效运行，实现综合交通运输的统筹、协调和联动，有效缓解交通拥堵，降低能源消耗和环境污染，具有良好的社会和环境效益。

紧急车辆优先通行信号控制

紧急车辆优先通行信号控制是保证紧急车辆安全且无延误地通过信号控制交叉口的优化配时方案。

通过检测并判断紧急车辆达到交叉路口的时间，根据交叉口当前信号状态和交通状态，实时生成优化配时方案，使交通信号系统由日常模式切换到强制优先模式，消散紧急车辆行驶方向上交叉口的排队车辆和其他冲突车辆，当紧急车辆到达时可以无延误地安全通行。紧急车辆通过交叉口后，交通信号系统切回日常模式，调整配时方案逐步恢复正常交通。紧急车辆优先与干道、区域信号协调控制相结合，实现应急救援的快速响应。

在保证紧急救援车辆安全无延误通行的前提下，最小化其他车辆的通行延误概率，是衡量紧急救援优先策略的重要指标。

自适应信号控制

自适应信号控制是集成控制理论与计算机信息采集、处理技术的交叉路口交通信号控制方法，主要用于大中城市道路交通信号系统优化协调控制。通过对车流参数的在线检测与估计，选择平均延误时间、排队长度、停车次数等作为最优化性能指标，采用特定的优化算法，实时形成信号配时方案，以适应交通流的随机变化。

与定时或感应信号控制相比，自适应控制构成较复杂，多用于区域交通信号控制，大多数环境下能够表现出显著的效果。交通系统是高度非线性、不确定的复杂系统。自适应信号控制理论、方法与应用的深入研究仍属开放问题，借助新一代信息理论与技术，自适应信号控制可望更有效、更普适。

应急车辆管理

应急车辆管理是对车辆进行紧急救援活动的管理系统，是智能交通体系框架用户服务的一部分。

◆ 基本内容

利用现代信息和通信技术，在车辆事故或意外事故发生时，根据当前采集到的实时信息（如紧急车辆的位置、交通状况、事故发生位置及性质等），由紧急事件管理中心对应急车辆进行合理调配，并提供适当的优先通行信息和路线引导信息，使承担运送救援人员、救援设备、救援物资等工作的应急车辆按最优行驶路线快速、安全到达现场。

减少从收到事故信息至应急车辆到达现场的时间是应急车辆管理的目的。由3个子服务组成：①应急车队管理服务。为应急救援指挥人员提供紧急车辆位置和车辆配置情况，调度相关应急车辆以最快速度到达事故现场。应急车辆和调度中心之间无障碍快速通信非常重要，服务涵盖公交、邮政速递等。②路线指引服务。帮助应急救援指挥人员和车辆驾驶员确定到达事故现场或合适医院的最少时间路线，还提供用于引导驾驶员到达目的地的车辆路线指导。③信号优先通行服务。提供应急车辆在行驶路径上的交通信号优先，使得紧急车辆在绿色信号下快速通行。

对交通运行中可能出现的各种需求做出响应，涉及公安、医疗等多个部门。可为出行者提供满足出行需求的服务，用于减少自然事故或人为事故造成的死亡、伤害和财产损失。因此，对于交通事故的响应、处理和信息交互的能力是衡量应急车辆管理水平的标准。

◆　意义和影响

中国是世界上受自然灾害影响最为严重的国家之一。伴随着世界气候变暖，海平面上升，由气候异常引发的台风、地震、海啸、洪涝等自然灾害频繁发生，地质灾害逐渐增多。各类自然和地质灾害造成道路、桥梁、隧道损毁严重，严重影响社会正常运转和救灾工作的实施。通过应急车辆管理，提高应急车辆管理调度能力，可以大幅缩短应急救援时间，最大限度地减少人员和财产损失，保证道路畅通，提升道路交通通行效率。

应急通信系统

应急通信系统是当发生自然灾害或突发事件等紧急情况时，为确保实时救援指挥的需要，在突发事件救援现场与救援指挥中心之间以及各相关救援指挥中心之间建立的通信系统。该系统平时为抢险救灾、应对突发事件提供通信保障，特殊时期提供指挥联络，是通信系统的重要组成部分。

◆ **概念形成**

美国从 20 世纪 70 年代开始建设应急通信网,目的是为了满足美国政府对于紧急事件的指挥调度需求,建设了卫星通信系统、公网的通信系统、集群通信系统以及军事通信系统等应急通信系统。随着国家对应急通信工作的重视和努力,中国已经发展了以应急卫星网、短波网、各类应急指挥车载应急通信系统,在公安、消防、民防、地震、气象、安监、交通、水利、电力等部门广泛应用。

◆ **基本内容**

由应急通信接入设备、传输网络、应急救援中心通信设备三部分构成。应急通信接入设备包括应急现场设备、应急抢险电话设备、图像采

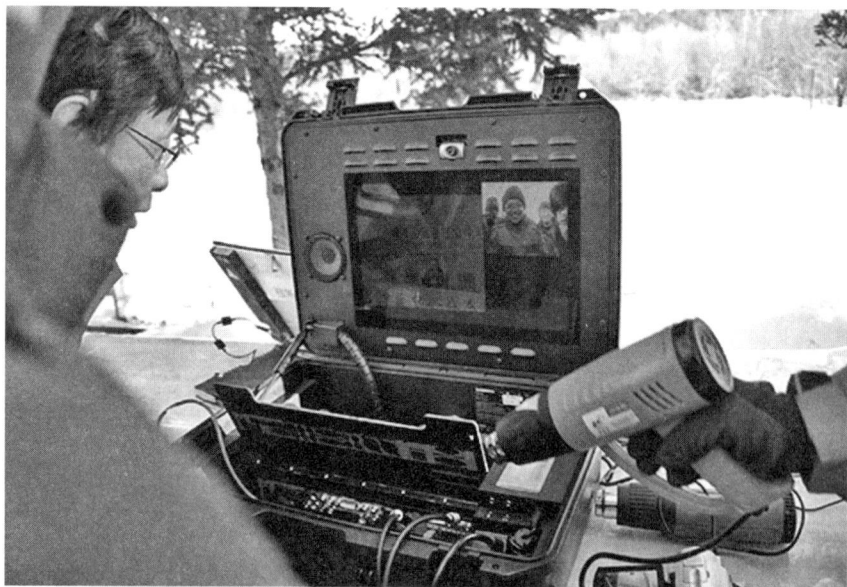

应急搜救中心工作人员进行高寒地区应急救援装备测试

集发送设备等；传输网络满足普通电话调度、电话会议、多路录音、多路传真以及多制式短信复合通信需要，具有高可靠性和风险抵御能力；应急救援中心通信设备采用非常规的多种组合通信手段，将应急现场的视频、图像实时接入和转发至各级应急指挥中心。

◆ 作用和影响

在地质灾害和重大事故发生时，由于滑坡、山体垮塌造成大面积交通中断，通信基础设施受损造成通信不畅，下情不能上达，上情不能下传，严重影响了救灾工作。应急通信系统是应急管理体系建设的一项重要内容，是有效应对各类突发事件、提升应急处置能力的重要保障，有助于第一时间掌握灾情，迅速指挥处置抢险救灾工作，减少人民财产损失。

高速公路紧急电话

高速公路紧急电话是为行驶在高速公路上的出行者提供直接呼救求援的专用通信设施。当高速公路上发生交通事故时，使用者可以利用设置在道路两侧的紧急电话分机向监控中心的紧急电话控制台进行呼叫，报告事故情况，控制台值班人员通过电话等通信手段组织调度排障车、救护车、抢修车和事故处理人员，前往现场进行救援。

◆ 概念形成

20 世纪 60 年代在澳大利亚高速公路首先应用高速公路紧急电话，每隔一定距离安装电话柱，求援者一旦拿起听筒，相应的警报就会被触发。70 年代，高速公路紧急电话进入黄金时期，在英国、美国等国家

得到大力推广。中国于 80 年代在天津塘
沽港公路沿线安装了公路电话箱,是中
国紧急电话的雏形,于 90 年代开始在中
国各条高速应用,并于 2004 年发布了国
家标准《高速公路有线紧急电话系统技
术要求》(GB/T 19516—2004)。

高速公路紧急电话标志

◆ **基本内容**

高速公路紧急电话主要有以下功能:
接收求援者的呼叫申请,自动判断求援
者的呼叫位置,使话务员与求援者进行全双工通话,对呼叫进行统计处
理,对通话进行录音和自检功能。

高速公路紧急电话主要由中心控制台设备、传输与通信系统和路侧
紧急电话组成。中心控制台对路段范围内的紧急电话进行控制与管理;
传输与通信系统负责传输路侧紧急电话和电话控制台之间的各种信号,
由光缆或者电缆组成;路侧紧急电话采用唯一地址码和按键直接通话,
向控制台无阻塞呼叫,紧急电话在路侧一般按每两千米一对布设。

◆ **作用和影响**

中国高速公路建设的速度和规模突飞猛进,如何提高高速公路运营
管理水平,建立和完善高速公路基本配套设施,健全高速公路安全救援
规则,降低交通事故、减少人员伤亡和财产损失是交通管理部门的头等
大事。高速公路紧急电话系统作为高速公路的基本配套措施和救援体系
十分重要,是高速公路交通工程的一个重要组成部分,是为高速公路上

求援者的专用通信平台，也是收集道路上车辆故障、交通事故信息和道路运行情况的主要设施。

道路交通故障紧急支援系统

道路交通故障紧急支援系统是利用现代通信和计算机网络技术等，将远程故障诊断中心、紧急事件支援中心、故障救援工程车和故障车辆关联起来，在远程故障诊断中心的技术支援下，借助于多媒体技术和虚拟现实技术准确详细地指导现场维修人员对故障车辆进行检修，确保出行车辆在发生故障时能够得到及时有效救援的支援系统，是公路应急管理系统的一个子系统。

◆ 基本内容

道路交通故障紧急支援系统由远程故障诊断中心、通信系统、车辆故障紧急支援中心、高速公路服务区车辆维修点以及故障车辆救援工程车等组成。建立一个完善的故障诊断专家系统和确立一套行之有效的公路紧急事件处理模式，是其得以实际应用的前提和基础。

道路交通故障紧急支援系统特点如下：①现场维修、远程支援，为故障车辆提供及时有效的维修服务，尽可能缩短维修周期，降低故障车辆对公路交通影响，同时提高对出行者的维修服务质量。②对专业维修公司资源共享，充分利用远程诊断中心最优技术资源，使得复杂疑难车辆故障能够得到及时有效的维修，降低服务区维修点的建设使用成本。③利用现代通信、多媒体、虚拟现实技术，实现对现场维修人员实时有效的支援，以及与远程诊断中心专家充分交互。④承担对服务区车辆维修人员进行培训的任务。⑤具有自学习的功能，在使用过程中能不断学习新知识，并能对系统知识库进行补充完善。

◆ **作用和影响**

道路交通故障紧急支援系统能够充分实现车辆故障诊断的技术资源共享，大幅缩短故障车辆对公路交通的影响，减少出行车辆交通延误，为出行者提供优质维修服务。

第4章

智能物流与电子支付

智能物流

智能物流是利用先进的集成智能化技术，服务于物流运输、仓储、配送、包装、分拣等基本作业环节，实现并提高物流作业过程的自动化水平和管理效率，提升物流行业的服务质量，同时减少自然和社会资源的消耗及人力等投入的动态控制过程，又称智慧物流。

智能物流通过对物流作业过程中相关信息的智能获取、智能传输、智能处理及智能运用，实现对货物的识别、运输、存储、跟踪、溯源、监控以及实时响应等环节的自动化、信息化、网络化、系统化管理。智能物流提高了物流管控流程的动态化、实时化和智能化水平，促进了资源整合，提高了管理效率。

◆ 概念形成

智能物流最早于2009年，在万国商业机器公司（International Business Machines Corporation; IBM）所提出的建立一个面向未来，具有先进、互联和智能3大特征的智能供应链概念的基础上延伸而来。2009年8月，时任中国国务院总理温家宝在无锡提出了"感知中国"的理念，并强调要大力发展物联网技术；同年 11 月，温家宝总理再次指示要加快传感网络及物联网关键技术的突破；2010 年，在政府工作报告中正式提出加快物联网技术的研发和应用。鉴于此，并考虑到物流业与物联网之间的紧密关系，物流行业成为物联网技术应用的最早行业。2009 年，由中国物流技术协会（China logistics technology association; CLTA）、华夏物联网（http://www.cnwulian.net）、《物流技术与应用》（*Logistics & Material Handling*）率先在行业提出了该概念。

◆ **基本内容**

从信息流的角度来看，智能物流可分为物流信息的智能化获取、智能化传输、智能化处理和智能化应用等。识别技术是实现物流智能化的基础，先进的射频识别技术、智能化的传感技术是提升物品自动化识别、

2018 年全球智慧物流峰会展区菜鸟无人仓

追踪、溯源等的重要技术。随着物联网技术的发展和应用，物流业的网络化得到了大幅改善，提升了物流信息的智能化传输水平。基于大数据挖掘技术、机器学习技术等，物流信息处理的智能化水平也有了明显提高。物流业管理的智能化水平也随着智能优化方法的不断应用而不断提升。

◆ **作用和影响**

随着集成智能技术在物流行业的推广应用，物流管理的自动化管理水平得到了长足发展，物流作业的效率进一步提高，减少了人力的投入和工作强度、降低了资源的消耗。同时，智能物流也降低了物流运输及仓储等成本。随着物联网的应用，物流智能获取技术使物流从被动走向主动，实现物流过程中的主动获取信息，主动货物跟踪、溯源与物流全程监控。信息的网络化和开放性，促进了物流行业内部及外部的信息共享，加快了响应时间，使得物流供应链环节整合更加紧密。在物流管理的方面，智能化技术不断提升优化、预测、决策支持、建模仿真等水平，使物流企业的决策更加准确、系统和科学。智能物流对中国产业结构优化升级起到重要的影响作用。

商用车辆电子通关

商用车辆电子通关是采用计算机、信息和网络技术等办理商用车辆（营运车辆）出入境手续的过程，又称商用车辆（营运车辆）电子清关、商用车辆（营运车辆）无纸化通关。

◆ **概念形成**

联合国（The United Nations; UN）和欧洲经济委员会（Economic Commission of Europe; ECE）成立联合国贸易便利化和电子商务中心（The United Nations Centre for Trade Facilitation and Electronic Business; UN/CEFACT），从 20 世纪 70 年代开始采用电子数据交换（EDI）形式在欧洲推行电子通关的实践。随着信息化技术快速发展，更多便利手段可以实现人员、货物、运输工具的无纸化通关，因此形成如今的电子通关的概念。营运车辆作为国际道路运输、国际海运滚装运输、国际铁路驼背运输的主要进出口过境运输工具，也逐步采用营运车辆电子通关方式。

◆ **基本内容**

商业车辆（营运车辆）在获取了国际汽车运输行车许可证后，在经营国际道路货物运输和国际道路旅客运输，或经由海运滚装运输、铁路驼背运输方式进出国际公路、海运以及铁路口岸时，其相关责任人向海关、检验检疫、交通运输等进出境管理部门以电子方式提交报关单以及运单、路单等相关随附单证，海关等相关部门采用处理电子单证数据的方法，由计算机自动完成数据比对、单证审核、征收税费、放行等作业的通关过程。

◆ **作用和影响**

电子通关是贸易和运输的便利化实践，可确保海关、检验检疫、交通运输等相关管理部门有效加强货物、人员和运输工具进出境过程的监管，方便其进出，能显著降低通关时间，提高通关效率。同时也可有效控制报关数据不符，遏制不法分子伪造、变造通关证单的不法行为等。

货物动态跟踪查询系统

货物动态跟踪查询系统是利用自动识别、全球定位系统、地理信息系统、通信等技术，获取货物动态信息的应用系统，简称货物跟踪系统。

◆　概念形成

交通运输和物流主要服务于生产制造和商业流通，从 20 世纪 90 年代中期开始，为提高生产效率、降低库存成本、减少运输时间和及时响应市场需求，生产制造企业和商贸流通企业逐渐开始加强网络和渠道建设，加强信息交换和共享，以提高贸易伙伴之间的业务协作水平。同时也在逐步将运输、物流等进行业务外包，以专注于其核心竞争力。运输与物流领域现已快速发展至新阶段，主要有两个趋势，一是为以生产制造企业为核心的供应链提供服务；二是为近年来快速发展的电商物流提供快递服务。同时也为射频和条码识别技术、全球卫星导航定位、无线通信技术的发展，以及供应链和物流全程可跟踪追溯提供了技术支撑。货物动态跟踪查询系统应运而生。

对于生产制造企业，其供应链管理是对包括原材料、半成品、最终产品的储存和移动从生产端到消费端的货物流和全过程服务，结合终端用户的产品和服务需求，提供网络连接、渠道和节点，进行设计、规划、执行、控制和监控供应链活动。供应链管理的主要目的是改善供应链伙伴之间信任和协作，通过信息共享，系统优化和运筹，整合上下游资源，进而提高供应链透明度和可视化、降低供应链风险。2000 年后，全球化发展趋势使得生产制造企业更加重视核心竞争力和专业化，这时候涌现出大量的第三方物流企业，为准时生产（just-in-time）、精益制造（lean manufacturing）和敏捷制造（agile manufacturing）提供顺畅透明的物流服务，利用互联网网页查询信息，提高供应链伙伴之间的创造力、信息共享和协作。

电子商务从美国亚马逊、中国的阿里巴巴和京东等企业初创到逐渐发展成为商贸流通行业最具竞争力的领域。随之而来的快递物流也逐渐成为商贸流通领域的重要服务之一，中国的顺丰，"四通一达"就是其中快速成长的快递物流服务商，为其用户（即卖方和买方）提供快速、透明的包裹运输和物流服务。国际大型企业有德国邮政中外运敦豪（DHL），美国联邦快递（FedEx）和联合包裹速递（UPS）等。这些企业的物流配送，无一例外地提供了全过程的货物运输位置和作业动态查询服务。

联合包裹速递于 1995 年到 1999 年快速增长的在线包裹跟踪服务，逐渐为各大公司采用。是包裹在分拣、仓储和寄送过程中的不同时间点验证其来源、预测及辅助交付。为用户提供包裹路线和寄送以及到达预期日期时间，在多承运人的运输过程中避免丢失包裹。

国际物品编码协会（GS1）等一批行业标准组织建立了基于射频识别（RFID）的 4G 核心网络系统（EPC），使得企业可以与贸易伙伴共享供应链事件，该系统已经有了很好的相关应用。

对于食品、药品和玩具等召回事件，包含硬件、软件、咨询和系统供应商的货物跟踪和追溯解决方案和工具也已经开始应用，主要技术包括射频识别和条码两种技术，应用于包装和标签，实现追溯。

货物动态跟踪查询系统主要是应用各类自动识别、无线通信和计算机信息网络技术，通过识别、传输与存储、查询和报告来提供货物动态信息查询。

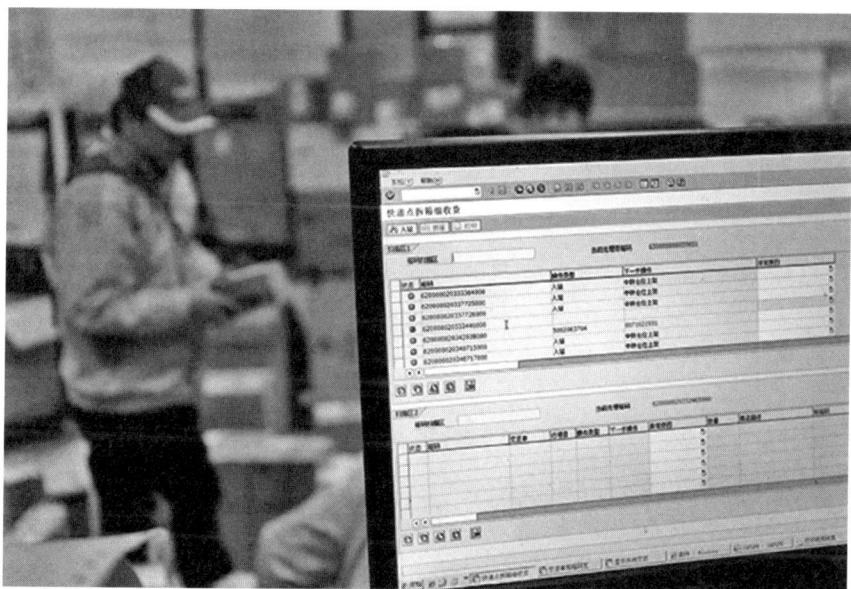

货物动态跟踪查询系统

◆ **基本内容**

运输及物流企业为其用户，即生产制造企业、商贸流通企业、终端消费者提供货物运输及物流在途状态（货物品类、数量、起讫地、承运人、运输工具和设备、位置、到达离开时间、运输或物流作业、物理或化学状态）等各类信息的跟踪查询服务。采用条码和射频识别等自动识别技术，在货物运输及物流全程各个作业节点识别货物、装载货物的托盘和集装箱等运载单元，也可采用全球导航卫星系统定位（GNSS）和地理信息系统（GIS）等技术，获取装有运载单元的货运拖车位置并显示在途跟踪轨迹，通过无线通信技术上传到后台管理信息系统并记录在实时数据库中。用户可访问网址跟踪其购买或托运的产品或货物，可以根据托运单号或快递单号追溯其源头及发货状态，查询状态信息，用户也可以通过手机等移动终端完成查询。此外，货物动态跟踪查询系统还可以提供如易腐货物在运输及物流过程中不同时间点时的温度、湿度和压力、加速度、高度以及光照度等信息。

◆ **作用和影响**

有效提高运输与物流企业同生产制造以及商贸流通企业的业务协作和资源共享，促进供应链可视化，降低供应链风险并提高物流效率；同时也为终端消费者提供更好的货物配送服务质量和服务体验。

电子配货信息网络系统

电子配货信息网络系统是利用计算机网络技术和电子数据交换技术等，根据供货商或消费者的订单，对包括拣选、集货、配货、配装、运输及送达全过程数据的采集、传输和处理的信息网络系统，是实现对完整配送过程的信息化管理系统。

◆ **概念形成**

电子配货信息网络系统源于商贸流通的分销配送网络及计算机网络技术的发展。电子数据交换技术在电子商务中的应用，催生了相关的电子订货系统及后续的仓储、运输和配送各类活动的信息化管理。

完整的配送过程包括拣选、集货、配货、配装、运输及送达等环节。拣选是指在已经经过了前期的备货和储存后，当接受供货商或消费者的订单时，需要按订单或出库单的要求，从储存场所拣出物品的过程。集货是指将要配送的分散或小批量的物品集中起来，便于运输和配送前的准备工作。配货是指将拣取分类完成的货品经过配货检查，装入容器和做好标识，再运到发货准备区待发送。配装是指接受供货商或消费者的订单后产品或货物的配送过程。配货和配装可以集中不同用户的配送货物，根据货物去向科学合理地进行货物配载，以充分利用运能和运力，或为了更加高效和低成本，实行多个企业的共同配送，可充分利用配送车辆和人员，减少配送次数和配送线路以及时间。运输是配送过程中的末端环节，又称"最后一公里配送"。送达是指送到供应商或消费者手中，办完相关手续，实现整个配送过程的最终送达服务。

随着电子订货系统、仓储管理系统和运输管理系统的应用，电商、

电子配货信息网络系统

物流或快递企业可以采用标准化的格式，利用计算机网络对上述订单以及配送作业所有数据进行传输和处理，形成网络化的电子配货配送服务。

◆ **基本内容**

电商、生产制造企业或商贸流通企业利用电子订货系统接收供货商或消费者订单，通过与产品或货物所在的仓库管理系统数据交换，为后续的产品或货物的拣选、集货、配货和配装提供组配计划数据；在货物配装之后开始运输配送时，也可以通过与物流快递企业的仓储管理系统或运输管理系统，以及配送人员手持智能终端进行数据交换，及时掌握配送过程的送达接收和结算等动态信息。

◆ **意义和影响**

电子配货信息网络系统采用标准化格式进行业务信息共享和业务协作的电子配货信息网络系统，根据货物去向科学合理地进行货物配载，以充分利用配送车辆和人员，有利于提高小批量、多频次、多品种货物的配送效率，降低配送成本，提高配送服务水平。

电子不停车收费

电子不停车收费是利用通信、电子、控制、信息、计算机和网络技术等，实现车辆在收费道路上不停车自动收费的智能交通技术。

通过安装在收费站车道或道路门架上的路侧单元（roadside unit; RSU）与安装在车辆上的车载电子标签（on board unit; OBU）之间的无线数据交换，在不需要车辆驾驶员停车和其他收费人员操作的情况下，自动完成收费处理的过程。不停车、无人操作和无现金交易是电子不停车收费的 3 个主要特点。

电子不停车收费技术适用于公路和城市道路电子收费系统，自动车辆识别、车辆出入管理等领域亦参照使用。在传统采用车道隔离措施下的不停车收费系统通常称为单车道电子收费，在无车道隔离情况下的自由交通流下的不停车收费系统通常称为自由流电子收费。

实施电子不停车收费，可大幅提高公路的通行能力，降低收费管理的成本，有利于提高车辆的营运效益；同时可大幅降低收费口的噪声水平和废气排放。由于通行能力得到大幅度的提高，可以缩小收费站的规模，节约基建费用和管理费用。另外，电子不停车收费系统对于城市来说，不仅仅是一项先进的收费技术，还是一种通过经济杠杆进行交通流调节的切实有效的交通管理手段。

国际上，美国、欧洲、日本、韩国等许多国家和地区的电子不停车收费系统已经逐步形成规模效益，欧洲和日本提出的标准较为成熟，获得了较广泛的厂商支持。根据中国收费公路的管理特点，中国于 2007 年制定和发布了国家标准 GB/T 20851.1—2007 ～ 20851.5—2007 电子收费专用短程通信系列标准，并按系列标准实施了高速公路全国联网 ETC 收费工程。

组合式电子收费系统

组合式电子收费系统是利用双界面 CPU 卡技术，将 CPU 卡作为带有 IC 接口的两片式电子标签的扩展存储介质并兼有通行券及支付介质功能的收费系统。

◆ **设置**

在设置有电子不停车收费（ETC）车道的站点，用户可以利用两片式电子标签以不停车的方式通过。在仅设置人工收费（MTC）车道的站点，用户可以利用双界面 CPU 卡停车刷卡付费后的方式通过。

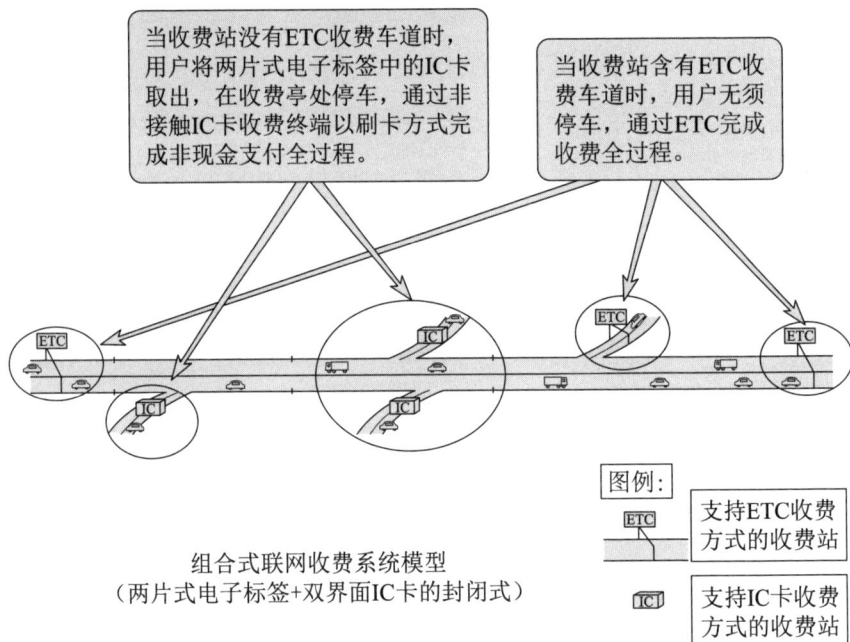

组合式联网收费系统模型
（两片式电子标签+双界面IC卡的封闭式）

组合式电子收费系统示意图

◆ **应用**

封闭式收费公路中的组合式电子收费系统的典型应用方式有以下 4 种组合：

① ETC 入、ETC 出。在 ETC 入、出口车道，车道控制系统通过路侧单元（RSU）与车载电子标签（OBU）建立通信链路，对 OBU 认证后，自动完成入、出口操作流程，车辆可以不停车通过。② ETC 入、MTC 出。

在 ETC 入口车道，车道控制系统通过 RSU 与 OBU 建立通信链路，对 OBU 认证后，自动完成入口操作流程，车辆可以不停车通过；在 MTC 出口车道，使用双界面 CPU 卡刷卡付费，完成出口收费操作流程，车辆需停车等待刷卡操作完成后再通过。③ MTC 入、ETC 出。在 MTC 入口车道，使用双界面 CPU 卡刷卡完成入口操作流程，车辆需停车等待刷卡操作完成后再通过；在 ETC 出口车道，车道控制系统通过 RSU 与 OBU 建立通信链路，对 OBU 认证后，自动完成出口操作流程，车辆可以不停车通过。④ MTC 入、MTC 出。在 MTC 入、出口车道，使用双界面 CPU 卡刷卡，完成入、出口操作流程，车辆需停车等待刷卡操作完成后再通过。

◆ 作用

中国高速公路普遍采用封闭式收费制式，各省市在联网收费系统中，大部分采用了基于 IC 卡作为通行券的 MTC 方式。随着经济的发展，MTC 收费方式已经逐渐不能满足日益增长的庞大车流对收费站通行能力的要求。解决收费站拥堵已成了高速公路保畅的首要任务，而 ETC 方式是提高收费车道通行能力、缓解收费站拥堵的一种有效手段。但直接采用单一的 ETC 收费方式，对于中国这样大规模的公路联网收费系统而言，可能会面临以下几方面的问题：①路网规模大，联网收费导致 ETC 系统规模庞大，一次性投资高，建设周期长，风险大。②大多数入、出口收费站交通量小，车道数量少，增设专用 ETC 车道在土建上有困难，在利用率上不经济。③由于收费站缺乏备份 ETC 车道，整个电子收费系统的可靠性和健壮性将无法得到保障。

组合式电子收费系统正是针对上述问题提出的解决方案，它实现了收费公路 ETC 与 MTC 两种收费方式的兼容和互补，可以根据交通量等实际情况按需设置 ETC 车道数量，系统可靠性高，建设投资及规模富有弹性，克服了 ETC 应用初期面临的管理和推广方面的困难，是在经济发展不平衡条件下解决联网电子收费系统的最佳技术选择。

自由流电子收费

自由流电子收费是在没有物理隔离设施的收费公路或城市收费道路上，利用车辆识别技术和电子支付手段等对车道上自由行驶车辆的收费方式。是电子不停车收费的一种方式。又称多车道电子收费。

主要技术包括车辆车型自动分类技术、车辆识别技术、视频检测与识别技术等。车辆通过收费点时司机感觉不到收费过程的发生，完全依靠电子收费系统对自由行驶的车辆完成自动收费。适用于使用电子收费方式付款的用户占收费公路总用户数量的绝大多数。除技术措施之外，还有相应的社会保障措施，如追缴非法用户的通行费等。

自由流电子收费可大幅提高道路的利用率和通行能力，以及提高道路的服务水平，减轻道路拥堵状况；基本无需土建工程，可减少土地资源的占用。在许多国家和地区的高速公路和城市道路上已经应用。

路侧停车自动收费

路侧停车自动收费是利用车辆识别技术和电子支付手段等实现路侧停车的收费方式。

当用户将车辆停放在路侧停车位时，停车位的感应设备会自动感应车辆信息及其停放时间，自动计算费用，并在车辆驶离时通过车载设备或绑定缴费账号扣除相应停车费的自动收费系统。

交通一卡通系统

交通一卡通系统是以非接触式 IC 卡读写技术为基础，实现多种不同功能的智能管理系统。

主要包括：用于支付公共汽车、地铁、轻轨、渡轮等交通工具费用的公共交通收费管理系统，用于支付快餐店、博物馆、图书馆、超市、自动售货机、公共电话等场所的小额消费支付管理系统，用于考勤打卡等的门禁管理系统。

公路客运联网售票

公路客运联网售票是基于互联网的公路客运售票支持系统。公众可通过网页、应用程序、微信小程序等方式，实现公路客票的购买、退票、在线支付以及查询班次、余票、订单信息等。

在实现不同客运站间的票务联网基础上，实现面向公众的互联网售票。打破了以往公众只能到客运站现场买票，只能购买本站客票的局面。随着公路客运联网工作的推进，中国现已出现支持跨省公路客运联网售票的服务，提高了公众日常公路客运出行购票的便捷性。

全国道路客运联网售票服务网是全国道路客运联网售票官方服务平台，充分整合了各省道路客运联网售票平台的客票资源，向广大乘客提供全国范围（先期京津冀，后续逐步覆盖全国）的道路客运信息查询、汽车票购买、出行信息咨询等服务。

智能道路

智能道路是由特定的结构材料、感知系统、信息中心、通信网络和能源系统等组成的具有主动感知、自动辨析、自主适应、动态交互和持续供能的道路，旨在实现一个良好的道路交通运输环境，使车辆安全、快速、畅通、舒适地在道路上运行。

通过建设传感系统、通信系统、监控系统等道路智能化设施，对车辆状态、交通流状态、基础设施和环境状态等信息进行采集和动态检测，经过后台数据中心对数据进行分析、处理，使管理者能够掌握实时、准确的交通和基础设施运行状况，通过交通管控系统对交通流进行控制，并利用信息发布系统为出行者提供交通信息服务的系统的统称。

◆ 基本内容

智能道路系统属于智能交通系统的建设内容，通过采用先进的传感技术、信息通信技术、车路协同等技术为用户提供安全、高效的出行服务。

1998年，美国交通部（DOT）在美国圣地亚哥测试了一套道路传感器系统，该系统使用雷达、激光和照相机将道路实时交通信息发送到车载计算机，实现车辆的刹车、加减速和转向控制，这种基于车路协同的智能道路系统具有开创性。此后，美国其他州开始计划和试验了类似的系统，汽车制造商也在测试诸如自适应巡航控制这样的智能系统，能够根据道路交通状态自动调整速度，以便汽车以一种安全的方式驾驶。2017年，美国计划在西雅图 I-5 号高速公路至加拿大温哥华 99 号公路上设置分时段的自动驾驶车辆专用车道等。欧洲提出了第五代道路（5th Generation Road）的概念，旨在建立新的道路设计和养护理念，使道路具有高度的气象适应性、高度自动化和自恢复能力。日本、韩国分别推出了智能道路（Smartway）和智能高速公路（Smart Highway）计划，旨在通过先进的交通感知设备和高速无线通信网建设高速公路信息化基础设施，为智能化车辆服务。

智能斑马线有声发光帮助市民安全通行

◆ **作用和影响**

①提高出行安全。通过智能道路建设，通过车路协同等技术，车载信息系统使驾驶员及时了解交通情况，发现险情，提高恶劣环境下的可视度，控制车辆的关键设备，协助驾驶员操作，减少驾驶员疲劳，实现道路自动缴费，从而加强道路用户的安全，减少交通事故。②提高通行效率。通过区域路网交通信息的收集、处理和传递，实现对车流在时间和空间上的引导、分流，避免公路堵塞，减少因此而引起的经济损失和废气污染，保证道路交通畅通无阻。③提高经济效益。通过智能道路建设可以大幅提升道路通行能力，提高通行费收入；此外，通过提供交通数据、信息服务和设备设施，提高道路运营的经济效益。

数字铁路

数字铁路是建立在铁路信息公共基础平台上的铁路运输数字化系统。

◆ **概念形成**

概念来源于数字地球（digital earth）的概念，数字地球是由美国副总统戈尔于1998年1月31日在加利福尼亚科学中心提出来的一个为了刺激美国经济发展和强化全球竞争优势的战略思想。数字铁路是数字地球概念的一个子集，中国铁路"十五"信息化规划中提出了建设中国数字铁路的设想，重点建设的八大信息工程之一就是铁路信息共享平台体系设计与建设工程。2001年，铁道部（现中国国家铁路集团有限公司）

科技司规划了关于铁路地理信息系统（RGIS）的研究任务，至此形成了数字铁路研究开端，在随后的十余年里，各个铁路局逐渐完成了铁路数字信息化平台建设工作，其中一个卓越代表是青藏铁路地理信息平台。

◆ **主要内容**

把铁路运输系统有关基础设施、运输组织与调度、客货营销、经营管理各业务环节的海量的动态、静态、多分辨率、多尺度、三维的信息进行采集、存储，并按统一的地理坐标集成起来建立完整的铁路信息模型，对内为铁路行业的勘测、设计、规划、运营、管理和各级决策工作提供开放式的、分布的和全方位的信息服务，对外为旅客、货主、合作伙伴等不同对象提供相关信息查询、可视化展示和服务的数字化系统。

主要包括两个层面的内涵：一是对铁路各业务环节的海量信息进行多分辨率、多尺度、三维的采集和存储，并按照统一的地理坐标集成，建立包含铁路空间数据和业务数据的完整的铁路信息模型；二是基于统一完整的铁路信息模型，对各类铁路信资源进行开发、利用和挖掘，实现铁路运输系统的全数字化管理。数字铁路其关键技术涉及状态感知、大容量传输、融合处理和可视化表达等，具有信息化、数字化、智能化、网络化、虚拟化、可视化、自动化的特征，是一个庞大而综合、复杂而艰巨的系统工程。

◆ **作用和影响**

数字铁路建设包含各业务信息系统数字化改造或建设、铁路信息共享平台建设、空间数据库建设、铁路地理信息平台建设、基于物联网的铁路设施装备配件应用建设、标准体系与维护管理机制建立等组成部分，数字铁路的建成极大地促进了铁路各业务系统实现数字化和信息化，规范了铁路基础信息和动态业务信息共享交换方式，形成了以铁路地理信息平台为核心的铁路信息化服务与共享体系，最终实现铁路各系统间的信息充分共享，全面提高铁路资源综合利用效率和展示服务水平。

第 5 章

共享交通服务

　　共享交通服务是利用互联网等现代信息技术，整合和分享海量、分散化和闲置的交通资源，通过优化配置提高交通资源的利用效率，满足多样化出行需求的经济活动。简称共享交通。

　　一般指多个用户均能使用从而实现不同出行目的的交通服务，包括自行车共享、汽车共享、微型响应式公交、顺风车、拼车、网约车、通

北京阜成门电动共享汽车租赁点

勤班车以及传统的公共交通、出租车和其他车辆的租赁等。

◆ **概念形成**

狭义的共享交通，强调共享的是闲置资源。依托互联网平台及基于地理位置服务（LBS）的移动互联网应用等，整合社会车辆、车内空间、交通设施或驾驶技能等交通闲置资源，实现动态及时、精准高效的交通供给与需求匹配，提高交通资源配置效率的交通运输服务形态。

广义的共享交通，不限于共享闲置资源。指共享经济背景下，通过互联网平台，整合社会车辆、车内空间、交通设施或驾驶技能等交通资源，高效匹配交通供给与需求，提高交通资源配置效率的交通运输服务形态。狭义与广义共享交通的区别见表1。

表 1　狭义与广义共享交通的区别

	狭义共享交通	广义共享交通
闲置资源	是	不是
共享内容	社会车辆、车内空间、交通设施或驾驶技能等	社会车辆、车内空间、交通设施或驾驶技能等
提供即时供需匹配	是	不是
提高资源配置效率	是	不是
模式	顺风车、拼车、网约车（空闲时间）、停车共享（P2P模式）以及人人快递（空闲时间）	左栏内容+共享单车、公共自行车、网约车（全职）、汽车分时租赁（俗称共享汽车）、共享停车（B2C）、人人快递（全职）+物流设施设备共享

共享或共享现象古已有之，现代意义上的共享经济理念可以追溯到 1978 年。美国社会学教授 M. 费尔逊（Marcus Felson）和 J. 斯潘思（Joel Spaeth）发表的论文《社区结构与协同消费：一个常规方法》，文中首次提出协同消费的概念，认为人们需要的是产品使用价值，而非产品本身，租用比购买更加实惠。但在当时，这种协同消费还不是在互联网基础上的实践。美国人 R. 波茨曼（Rachel Botsman）和 R. 罗杰斯（Roo Rogers）合著的《我的就是你的：协同消费的崛起》中延续了协同消费的理念，消费者的需求从获得私有物品转移到使用需求满足，形成了新的消费模式。2010 年，波茨曼进一步指出，共享经济的核心是共享，即通过面对面或网络来联系、汇聚并组建社群，将每个人的物品或个体进行匹配，把一个个"点对点"的分散需求满足变成"多对多"的平台。

共享经济在 2014 年至 2015 年间，随着优步（Uber）、爱彼迎（Airbnb）、来福车（Lyft）等独角兽公司的崛起衍生出了新的内涵。在共享经济的成功实践者，美国最大的网上汽车租赁公司（Zipcar）、无线网络连接公司（Veniam）、点对点汽车租赁公司（Buzzcar）以及拼车网站（Go Loco）的创始人 R. 蔡斯（Robin Chase）看来，共享经济思维的本质在于将所有权转化、淡化，充分利用闲置资源，从而提高供需效率。E. 奇美尔曼（Eilene Zimmerman）认为，共享经济对应的商业模式是以租代买，理论实质是产权革命，表现为产权的核裂变为支配权与使用权；在新的共享经济中，使用权的价值高于支配权。2016 年，

《哈佛商业评论》指出，那种被称为共享经济的经济模式其实应该是使用权经济（access economy）。

◆ **基本内容**

共享交通大体分 3 类：

①分享闲置的资源。包括社会车辆、车内空间、交通设施或驾驶技能等，不能简单地把商业化车辆租赁等行为纳入分享交通。

②分享资源的盈余。不局限于分享闲置交通资源，其核心是分享了交通资源的盈余。当可以把盈余提供给更多人使用时，这种资产或价值就变成分享的方式。利用私人交通资源盈余、开发公共交通资源盈余、输出准公共交通资源盈余都可以叫作分享交通。

分享经济带来了交通行业的 4 个新变化：一是供需双方已经从个体参与衍生出企业；二是出现了非闲置资源的分享；三是过去单个分享经济平台已经开始生态化发展；四是随之而来的，由个人收入变成企业收入。分享经济产生了新的社会示范意义，可称之为泛分享经济。过去，分享经济被视为一种新的社会经济运行方式，以更低成本和更高效率连接并激活社会的经济剩余资源。而泛分享经济，则不纠结于个人资源闲置与否，它以分享经济的模式和理念，在更大的经济视野中激活经济剩余，进而形成新的业态和消费增长点，缓解传统经济升级转型的压力。

③分享存量和增量资源。分享经济是闲置资源的共享，但闲置资源既可以是存量资源，也可以是增量资源。有两种基本形式：一种以爱彼

迎和优步为代表的公司实现个人与个人之间（C2C）的共享；另一种是以产品服务为代表的企业到用户的电子商务模式（B2C）的共享，强调企业不卖产品卖服务，用新的服务共享方式替代旧的产品销售方式，如摩拜单车等。传统分享与现代分享的区别见表2。

表2 传统分享与现代分享的区别

	传统分享	现代共享		
		第一类	第二类	第三类
谁来分享	自然人	自然人＋企业、机构	自然人＋企业、机构	自然人＋企业、机构
分享什么	闲置资源	闲置资源	闲置资源＋社会资源	存量闲置资源＋增量闲置资源
如何分享	不通过互联网	通过互联网	通过互联网	通过互联网

出行即服务

打通火车、地铁、公交、出租车和共享单车等所有公共交通方式的壁垒，用一个APP搞定所需公共交通工具的使用、查询、下单和支付的出行系统。

基于出行需求提供出行服务，不仅适用于人的出行，而且也适用于货物的运输，尤其是在城市区内的运输服务。越来越多的消费者正逐渐从私家车出行转向出行即服务的出行服务。

◆ **概念形成**

出行即服务的概念首先出现在瑞典，并于 2013 年在瑞典哥德堡进行了一次试点服务。这种服务受到了人们的普遍欢迎，但由于缺少财政资助被迫中断。之后，芬兰智能交通中心的执行总裁 S. 希耶塔宁（Sampo Hietanen）和当时阿尔托大学（Aalto）的硕士研究生 S. 海基拉（Sonja Heikkila），以及芬兰交通运输部的共同努力下，出行即服务的概念得以推广。而希耶塔宁后来创建了全球出行即服务公司并担任总裁。欧洲资助的项目"Mobinet"也为出行即服务奠定了一些基础。2014 年芬兰在欧洲智能交通大会上首次向业界介绍了出行即服务（MaaS）的概念和体系，MaaS 一词也走向国际。随后，在 2015 年的智能交通系统世界大会上，出行即服务成了学术研讨的流行主题之一。英国技术企业家 J. 惠特森（Justin Whitston）在 2016 伦敦举行的世界出行商业秀上，发布了专为该商业模式所建立的世界上第一个出行即服务移动终端应用软件（Mobilleo）。瑞典于 2018 年初，在斯德哥尔摩重新启动出行即服务行动。

◆ **基本内容**

出行即服务有两大特点：服务化和数据共享。出行即服务供应商将各种出行服务整合在一起，基于用户的出行需求共享服务和数据，从而提升交通运营者的服务质量。智能手机的广泛应用、共享经济模式的推广以及自动驾驶技术的发展等推动着出行即服务的深入发展。其中，自动驾驶技术将成为出行即服务今后发展的主要推手之一，并颠覆性地影响着汽车企业由过去的车辆提供者向出行服务者的角色转变。数据传输技术以及数据共享，使得传统孤立的交通方式得以整合，不仅实现了静态数据的共享，也提高了动态数据的交互水平，为出行者及时规划出满足不同出行目的门到门的多模式公共交通无缝衔接的出行路径。为了提升服务，出行即服务需要更好地理解用户的需求，同时根据各人的偏好提供最佳方案。虽然出行即服务的发展与各类科技手段及智能交通系统密不可分，但其推广与应用也需要政策的介入与支持，以便更好地应对不同地区、不同交通运输方式之间的差异和发展不平衡等问题。

◆ 作用和影响

通过将各种孤立的出行服务整合到一起，增强了相互独立的运输方式在出行链中的相互衔接，减少了交通资源的浪费，鼓励出行者更多地使用出行即服务的交通方式；通过改善出行服务的运行环境以及重新定义出行商业模式，来提升交通运输系统的效率和服务质量。因此，出行即服务体现出行理念的转变，即从个人拥有出行工具，到将出行作为服务进行消费。例如，共享汽车，需求响应型的公交车等都能有效地减少私家车的保有量，从而缓解交通紧张问题，以及附带的能源消耗及环境污染等问题。

网络约车

网络约车是乘客通过网络下单、多方式支付的一种便捷用车服务方式，是网络预约出租汽车的简称。

2016 年 7 月 28 日，为更好地满足社会公众多样化出行需求，促进出租汽车行业和互联网融合发展，规范网络预约出租汽车经营服务行为，保障运营安全和乘客合法权益，交通运输部联合公安部等七部门发布《关于深化改革推进出租汽车行业健康发展的指导意见》和《网络预约出租汽车经营服务管理暂行办法》。明确给予网络约车合法身份，将此类车辆登记为"预约出租客运"，并对诸如私家车准入门槛、管理权限等细节做出规定，中国也因此成为世界上首个正式承认网络约车合法化的国家。网络约车作为分享经济的重要模式，其未来发展对民众出行乃至中国经济都将产生深刻影响。

公共自行车

可供公众使用的所有权不属于个人的自行车。通常由政府机构来建置和营运，或是以公共私营合作制的方式来运营，是城市公共交通的组成部分。公共自行车旨在一定范围的区域内，以免费或平价租赁的方式，为民众提供便捷的自行车使用服务，以代替机动车来进行短程通勤，从而达到疏解交通拥堵、降低污染等目的。被认为是可以用来解决大众运输系统中"最后一公里"问题的有效方式，此外，还具备休闲、旅游、健身等多种功能。

公共自行车发展历程：①起源。1965 年，荷兰阿姆斯特丹一个无政府主义组织将一些无锁自行车涂成白色，放置于公共区域，以供人们长期免费使用，被称为"白色自行车计划"。但事与愿违，几天之内所有自行车均丢失或被破坏，该计划也随之宣告失败。但这次尝试被普遍认为是历史上最早的公共自行车系统的起源。②发展。20世纪90年代，丹麦哥本哈根出现第二代公共自行车系统（Bycyklen）。该系统的特点是具有特定的存取地，取车时以硬币为凭证，还车时返还硬币，使用者可以匿名使用车辆，但是该系统中自行车仍然经常丢失。之后随着现代电子信息技术与网络通信技术的发展，欧洲一些国家相继出现现代化的公共自行车系统，运营者可以了解车辆使用者的信息，由此公共自行车的管理方式出现了根本性变化。2007年起，智能化运营管理的、具备一定实用价值的公共自行车系统正式进入中国，先后在北京、杭州、武汉等城市展开试点，逐步向其他城市进行拓展。北京是国内率先开始投放公共自行车的城市，于2007年8月开始运营，在2008年奥运会期间为市民与游客提供服务。奥运之后北京公共自行车系统历经多次调整，基本以区为单位进行建设，由北京市市政市容管理委员会负责。2008年，杭州提出向巴黎学习，采用政府引导、企业运作的模式，在国内率先构建公共自行车交通系统，并将其纳入城市公共交通体系之中，以解决交通出行的"最后一公里"问题。2009年4月武汉也开始公共自行车试点，由民营企业投资建设，政府给予财政与资源补贴，2014年试点结束，同年12月转为国有企业建设运营。

公共自行车使用流程：①借车。用户在停车点刷卡或用其他凭证开锁取车，部分公共自行车系统可通过手机客户端进行借车，用户借还车及其他消费信息可在系统后台查询。②使用。和一般自行车相同，需遵守非机动车交通规则。③还车。用户需将所使用的公共自行车归还至指定站点，并将自行车随车锁具插入横梁或立柱等形式的防盗锁中，系统根据用户借车时长计算费用并告知用户进行支付。一些系统在还车时亦需要刷卡确认。

公共自行车驻车方式：按照车辆与电子防盗锁的连接可分为柔性连接（软连接）和硬连接两种，柔性连接可有效防止机械外力破坏，硬连接能保障车辆摆放整齐。在柔性连接和硬连接基础上，又分别可分为横梁式和立柱式（单柱式和双柱式、双管式）。以此构成公共自行车典型驻车方式有：软连接横梁式、软连接立柱式、软连接单柱式、软连接双柱式、软连接双管式，硬连接横梁式、硬连接立柱式、硬连接双柱式、硬连接双管式。

公共自行车的优势：①不存在大气和噪声污染，为居民和旅游者提供便捷的绿色出行方式，提高城市的绿色竞争力；同时骑车还有助于强身健体，减少城市病的发生。②提供 1 ～ 5 千米的短途出行解决方案，可作为轨道交通接驳的辅助性工具，最大限度地促进各种交通资源的合理利用，成为城市交通系统不可或缺的组成部分，提高道路资源的利用率，缓解道路交通拥堵，解决公交出行"最后一公里"难题。③公共自行车体量小、操作灵活、可达性好，满足居民多层次的短距离出行以及不同出行目的的交通需求，便捷、高效地集散客流，提高城市交通的整体运行效率。劣势有：①公共自行车难以统一管理，容易失窃和破坏，缺乏停车和存放空间以及所需的维修保养。②传统的公共自行车由于租

借和归还地点的数量有限，在方便性上不如私有的自行车。③乱停放问题严重，有些甚至影响市容市貌。④破损自行车遗弃现象

公共自行车实物图

突出，造成资源浪费和环境破坏。⑤自行车初学者骑车上路会有一定的危险性。随着政府监管力度加强以及大数据技术的应用，这些问题逐步得到解决。

共享单车

　　企业在校园、地铁站点、公交站点、居民区、商业区、公共服务区等提供的自行车（单车）分时租赁服务。实质是一种新型的交通工具租赁业务，主要载体为自行车（单车）。有别于由政府投放和管理的公共自行车，共享单车的运营主体是民营企业，属于非公资产。

　　世界上的共享单车发展经历了由政府主导到企业运营为主的演变。1995年，为进一步推广自行车，优化提高城市道路的使用率，丹麦首都哥本哈根推出了一个名为"城市自行车"的自行车短期租赁计划。法国巴黎市政府于2007年夏天引进一项"自行车城市"计划，到2007年

底有 2.06 万辆自行车散布在巴黎市内新建的 1450 个自行车租赁站，为市民提供几乎免费的自行车租赁服务。中国共享单车市场经历了三个发展阶段：2007～2010 年为第一阶段，国外兴起的公共自行车模式开始引进国内，由政府主导分城市管理，多为有桩单车。2010～2014 年为第二阶段，专门经营单车市场的企业开始出现，但公共自行车仍以有桩单车为主。2014 年至今为第三阶段，随着移动互联网的快速发展，互联网共享单车应运而生，更加便捷的无桩单车逐步取代有桩单车。

共享单车电子围栏

通过信号传输设备将共享单车信号传至后端控制中心的虚拟停车框，按照虚拟停车框圈出的指定停放共享单车的区域。

2017 年 05 月，北京市试行推广电子围栏，即如果用户不将共享单车停到规定区域，就无法锁车结束行程，手机上的应用软件将会一直计价。随后北京市首批 296 个共享单车电子围栏在通州区多个公交站和重要商圈集中落地。2017 年 7 月开始，东城、朝阳、海淀等多个城区也在多

共享单车电子围栏

个热点路段试点共享单车电子围栏。同年，摩拜单车在南京划出了智能推荐停车点，首次启用了电子围栏技术。随后电子围栏在全国大中城市得到了推广。

通过电子围栏将共享单车集中停放，可解决共享单车堆积街道、无序停放、影响市容市貌、随意设置禁行区域等问题。此外，无需在地面加装任何辅助设施，可以选择小区空地、公园附近等空闲空间设置电子围栏，在一定程度上节约了共享单车的运营成本。

本书编著者名单

编著者（按姓氏笔画排列）

马万经	马小宁	王 力	王 扬
王 祺	王东柱	王建强	王笑京
王萍萍	尹 升	孔 涛	田晓庄
乔国梁	刘 楠	刘文峰	刘冬梅
刘春煌	刘鸿伟	李 斌	李 静
李大韦	李习墨	李亚檬	李宏海
李振华	杨 琪	杨晓光	杨新苗
吴艳华	宋向辉	张 可	张 利
张 杰	张 治	张纪升	张晓亮
陆 建	陈 希	陈艳艳	武俊峰
周 洲	孟春雷	赵 丽	姚丹亚
秦 勇	高 剑	郭宇晴	唐 辉
梅新明	蔡 蕾		